괴물이 된
성범죄자들

괴물이 된 성범죄자들

초판 1쇄 인쇄 2023년 9월 25일
초판 1쇄 발행 2023년 10월 1일

지은이 **안병헌**

펴낸이 **우세웅**
책임편집 **김은지**
기획편집 **김휘연**
표지디자인 **김세경**
본문디자인 **이선영**

종이 **페이퍼프라이스㈜**
인쇄 ㈜**다온피앤피**

펴낸곳 **슬로디미디어그룹**
신고번호 **제25100-2017-000035호**
신고연월일 **2017년 6월 13일**
주소 **서울특별시 마포구 월드컵북로 400, 상암동 서울산업진흥원(문화콘텐츠센터)5층 22호**
전화 **02)493-7780**
팩스 **0303)3442-7780**
전자우편 **wsw2525@gmail.com(원고투고·사업제휴)**
홈페이지 **slodymedia.modoo.at**
블로그 **slodymedia.xyz**
페이스북,인스타그램 **slodymedia**

ISBN 979-11-6785-154-3 (03330)

※ 본 도서는 《나는 전자발찌를 채우는 사람입니다》의 개정판입니다.

무도실무관이 들려주는
성범죄 예방 솔루션

안병헌
지음

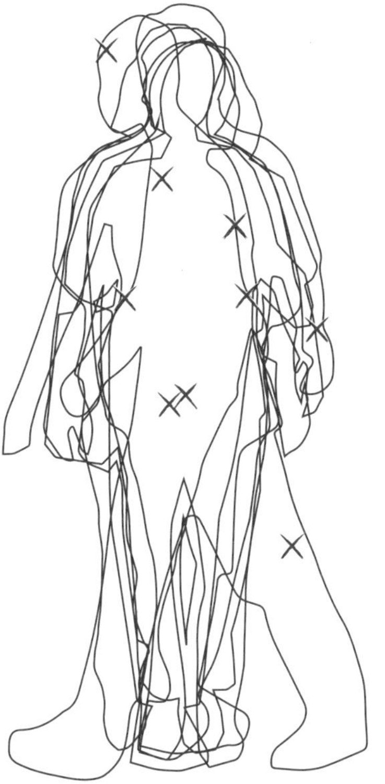

괴물이 된 성×범×죄×자×들

슬로디미디어

| 작가와의 인터뷰 |

Q1. 안녕하세요, 안병헌 작가님. 이번 책은 제목부터 굉장히 강렬한데요. 어떤 책이고 집필 계기는 무엇인가요?

A. 네, 안녕하세요. 이 책은 현장에서 실제 성범죄자를 관리하는 직업을 가진 제가 실무 경험을 토대로 연구한 성범죄 유형과 범죄 수법, 그리고 범죄 예방법을 제시하고 있습니다. 그간 연구한 범죄 예방법으로 한 분이라도 더 안전해지기를 바라는 마음에 집필하였습니다.

Q2. 작가님의 직업이자 전자발찌를 채우는 업무를 하는 '무도실무관'에 대해 궁금합니다.

A. 저는 법무부 보호관찰소 범죄예방팀 무도실무관으로 재직 중입니다. 무도실무관이란 보호관찰관의 파트너입니다. 보호관찰관과 전자발찌 대상자를 관리하는데, 전반적인 업무를 보조하고 면담 시에는 유사시 발생할 수 있는 폭언 및 폭력에 무도로 제압하는 일을 하고 있습니다. 재범 위험성이 큰 대상자들에게 전자발찌를 직접 부착하고 24시간 관리합니다. 그들의 일거수일투족을 관리함으로써 범죄를 예방하고 그들로부터 사회와 국민을 보호하는 것이 제 임무입니다.

Q3. 성범죄자들을 최일선에서 지도·감독하시며 느낀 성범죄자의 특징이 있을까요?

A. 사실 외형적 모습을 보고 성범죄자를 알아차리기는 어렵습니다. 10년 차 무도실무관으로서 수많은 성범죄자를 관리해 왔지만, 외형적인 특징은 확인하기가 어려웠습니다. 그들에게는

'이 사람이 범죄자다'라고 할 만큼의 특징은 없습니다. 그들의 범죄 수법, 범죄 유형 역시 제각각입니다. 다만, 성향이 공통적인 부분은 있습니다. 다소 대담한 성향을 보입니다. 사람에게 접근하는 것을 쉽게 생각하거나, 사회적 약자들에게 쉽게 접근합니다. 또 상대에게 책임을 전가하고 거짓말을 많이 합니다. 이러한 점들을 성범죄자의 특징이라 말할 수 있겠습니다.

Q4. 성범죄자들은 주로 누구를 범행 표적으로 삼고 어떤 수법을 쓰나요?

A. 성범죄자들이 노리는 대상은 다양합니다. 그중에서도 사회적 약자인 아동, 노인, 장애인 등이 표적이 되기 쉽습니다. 아동을 대상으로 노리는 범죄자가 있고, 나이대를 가리지 않는 범죄자들도 있습니다. 그리고 그들은 술에 취한 여성이나 밤늦게 귀가하는 여성을 노립니다. 흔히 대중교통에서는 여성을 상대로 불법 촬영이나 성추행을 합니다. 또 아동을 대상으로 범죄를 저지르는 경우 SNS를 통해 유인하거나 그루밍, 가스라이팅과 같은 방식으로 심리를 이용합니다. 그들은 자기의 범죄 목적을 위해 수단과 방법을 가리지 않습니다.

Q5. 일상에서 가장 흔히 발생하고 있는 성범죄는 어떤 유형일까요? 안전하다고 믿고 방심하기 쉬운 상황은 무엇인지 궁금합니다.

A. 줄여서 3가지 정도 말씀드리면 주거 침입, 귀갓길, 대중교통입니다. 주거지는 휴식처이자 가장 안전해야 하는 곳인데 그들은 주거 침입하여 범죄를 저지릅니다. 문이 열려있거나 작은 창문이라도 넘어가 위협을 하고 범행하는 경우가 많습니다. 혹은 대범하게 주거지에 찾아가 초인종을 누르고 사칭하여 침입하기도 합니다. 귀갓길, 매일 지나치는 출퇴근 경로에서 대상을 기다리고 있다가 범행하는 범죄자도 많습니다. 대중교통이나, 화장실, 에스컬레이터에서 휴대폰으로 몰래 신체를 불법 촬영하는 경우도 예상보다 더 많습니다. 그리고 불법 촬영한 사진이나 영상을 온라인에 유포하기도 합니다. 일상생활 곳곳에서도 언제든지 그들은 범죄를 저지르고 있습니다.

Q6. 2020년 전 국민을 충격에 빠뜨린 '텔레그램 N번방·박사방 사건'을 비롯하여 디지털 성범죄가 급증하고 있습니다. 디지털 성범죄는 주로 어떤 방법으로 이루어지고 있나요?

A. 디지털 성범죄 유형은 다양하지만 현재 아동 청소년을 상대로 하는 범죄가 급증하고 있습니다. SNS 채팅이라든지, 게임, 오픈채팅방 등 아동들에게 쉽게 접근할 수 있는 공간에서 이루어집니다. 그들은 선물이나, 현금 등 미끼를 이용하여 직접 만남을 갖자고 유인합니다. 또 아이들의 호기심을 자극할 만한 애완견, 장난감 등을 이용하기도 하고요. 또 아동에게 범죄를 저지른 후, 피해 사실을 알리거나 신고하면 부모님과 주변인, 인터넷에 공개하겠다고 협박합니다. 협박에 겁 먹은 피해 아동의 심리를 이용해 상습적으로 범죄를 저지르는 경우도 있습니다. 아이들에게 유용한 핸드폰에는 범죄자들이 접근할 수 있는 매개가 많습니다. 아동, 청소년들이 안전하게 세상을 살아갈 수 있도록 부모님과 주변의 어른들이 관심을 가져야 합니다.

Q7. 책에는 상황별, 연령별 성범죄 대처 매뉴얼이 담겨 있는데요. 성범죄를 예방하기 위해 무엇을 가장 조심하고 신경을 곤두세워야 할까요?

A. 범죄는 상황별, 유형별로 다릅니다. 어렵게 느껴질 수도 있는

데요. 사실 가장 중요한 것은 현재 내가 범죄를 어떻게 인식하고 있느냐입니다. 사회에는 많은 범죄가 발생하고 있습니다. 그런 범죄 소식을 쉽게 찾아볼 수도 있는 뉴스나 매체는 많습니다. 또 보고 싶지 않고 듣고 싶지 않아도 눈에 보이고 귀에 들립니다. 그런 게 범죄입니다. 그런데 이것을 너무 당연시하는 것 자체가 문제가 될 수 있다고 생각해요. 어쩔 수 없다고만 여길 게 아니라 조금이라도 내가 조심하자는 생각을 해야 합니다. 범죄는 내가 방심하는 순간 생길 수 있습니다. 경각심을 억지로 끌어낼 수는 없겠지만, 범죄 뉴스나 인터넷 기사를 보고 나에게도 일어날 수 있다는 경각심을 일깨워야 합니다. 범죄 수법, 범죄 예방법을 익혀서 습관화해야 합니다. 그것이 유일하게 범죄를 예방하는 방법 같아요.

| 프롤로그 |

나는 무도실무관이다. 내가 마주하는 현장은 범죄가 일어난 현장이 아니라 범죄가 일어나지 않은 현장이다. 범죄를 사전에 차단하고 예방하는 현장이다. 또 내가 상대하는 사람들은 일반인이 아니라 특정범죄(살인, 강도, 유괴, 성범죄)를 저지른, 재범 가능성이 큰 범죄자들이다. 그런 사람들이 재범을 저지르지 않고 사회에 적응할 수 있도록 돕고 있다. 나는 재범 위험도가 높은 범죄자들에게 직접 전자발찌를 부착한다. 그리고 24시간 실시간으로 그들을 관리하며 그들의 일거수일투족에 신경을 곤두세운다. 범죄자들이 있는 곳이 어디든 시선을 놓지 않고 그들로부터 국민을 보호하는 것이 내 임무다.

10년 차가 된 나는 그간 수많은 강력범죄자들과 마주했다. 그들이 저지른 범죄는 결코 용서받지 못할 중죄이다. 그들은 잔악한 범행을 저지르고 교도소에 수감된다. 그리고 출소 후 전자 발찌를 부착한다. 오랜 시간 그런 범죄자들을 만나 온 결과, 그들은 다시 범죄를 저지를 가능성이 다분하다. 10년 동안 본 범죄자 중 사회에 잘 적응하고 본인의 삶에 잘 적응해 가는 사람이 더 많은 건 사실이다. 그런데 몇몇은 그렇지 않았다. 살인, 강도, 유괴, 성범죄 중 가장 재범 가능성이 높은 건 성범죄이다. 일부 성범죄자는 개인의 이기적인 쾌락을 위해 타인에게 폭력이나 협박을 일삼는다. 그리고 잔인하게 성폭력을 저지른다. 그 대상이 누구이건 상관없다. 그들은 자신의 욕구를 충족하기 위해서라면 상대를 가리지 않고 무자비하게 악행을 저지른다.

10년이란 기간 동안 정말 많은 성범죄자를 봐 왔기에 그들의 위험성을 더욱 잘 안다. 그래서 밤낮 가리지 않고 범죄를 예방하기 위해 최선을 다하고 있다.

우리가 살고 있는 이 사회에는 성범죄가 만연하다. 뉴스, 인터넷, 동영상 등 어디에서나 사건·사고에 대한 기사는 무수히 쏟아지고 끊이지 않는다. 보고, 듣고 싶지 않아도 매일 인터넷이든 뉴스든 항상 핫이슈로 보도하고 있다. 뉴스에서 다루는 사건·사고들은 우리가 '미친 세상'이라고 외치고 돌아서기에는 심각한 수준이다. 너무 많은 범죄가 우리 주위에서 발생하고 있다.

언제든 나에게도 일어날 수 있다. 사회가 안전해질 때까지 넋 놓고 기다릴 수만은 없다. 성범죄자들은 일반적이지 않다. 성추행부터 무차별적인 강간, 협박, 구타와 같은 방식의 범죄로 쾌락을 얻으려 한다. 그들로부터 피해를 당하지 않으려면 그들의 범죄 수법을 알고 그것을 토대로 범죄를 예방해야 한다.

이 책은 실무에서 많은 성범죄자를 경험하며 연구한 성범죄 수법과 예방법을 제시한다. 나는 범죄를 예방하기 위해 대상자들의 생각을 읽으려 노력해야 했다. 그들의 입장에서 생각해보기도 해야 했다. 이토록 나는 범죄를 막고 싶다. 한 분이라도 책을 읽고 범죄에 대해 경각심이 생겼으면 한다. 또 한 분이라도 이 책을 통해 성범죄로부터 조금이나마 자유로워질 바란다. 무엇보다 책에서 제시한 예방법으로 여러분이 성범죄의 위험에서 한 걸음이라도 멀어졌으면 한다. 그래서 여러분의 삶에 범죄로 인한 작은 문제라도 생기지 않기를 바란다.

모두가 범죄로부터 안전해지는 것이 나의 소망이자 사명이다. 내 일생을 범죄 예방을 위해 노력해볼 참이다. 내가 무수한 범죄를 모두 막을 순 없지만 적어도 내가 맡은 현장에서는 포기하지 않고 최선을 다하겠다. 그리고 실무 경험에 이론을 더해 여러분에게 지속적으로 범죄 예방법을 알리도록 노력하겠다. 여러분의 안전하고 행복한 삶을 응원한다.

이 책이 나오기까지 많은 분들의 도움을 받았다. 범죄로부터 국민을 지키겠다는 사명으로 맡은 바 소임을 다하는 법무부 가족들, 적은 인력에도 범죄 예방을 위해 사투를 벌이시는 보호관찰관 분들에게 응원을 아끼지 않는다. 또한 현장에서 누가 알아주지 않아도 묵묵히 범죄 예방을 위해 노력하는 '어둠 속 빛' 무도실무관 여러분들에게 존경을 표한다. 나와 동고동락하면서 어떤 현장이든 같이 싸워주고 있는 무도실무관 동료 장현이 형, 준현이에게도 큰 감사의 마음을 전하고 싶다. 더불어 누군가를 위해 헌신하는 모든 분들에게 존경과 감사를 표한다.

마지막으로 내가 가장 사랑하고 존경하는 분, 우리 할머니 김옥희 집사님께 사랑을 전한다. 이 분이 없었다면 현재의 나도 없었을 것이다. 그리고 나의 창조주이시며 나의 갈 길 다 아시고 나의 구주이시며 모든 만물의 주인이신 하나님 아버지께 모든 영광을 올립니다. 사랑합니다.

CONTENTS

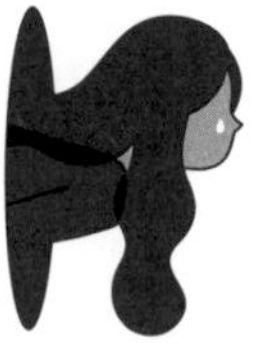

PART 1

대한민국은 안전하지 않다

PART 2

의외로 성범죄자들이란

PART 3

흔한 성범죄, 이렇게 대처하라

CONTENTS

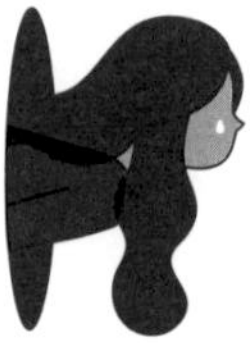

PART 4
특수 성범죄, 이렇게 대처하라

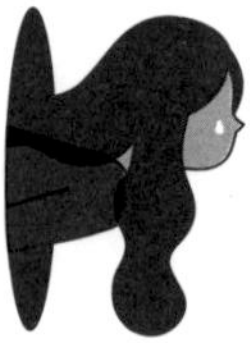

PART 5
그루밍 성범죄

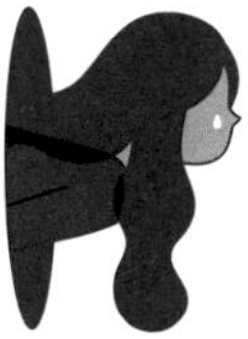

PART 6

나이대별 성범죄

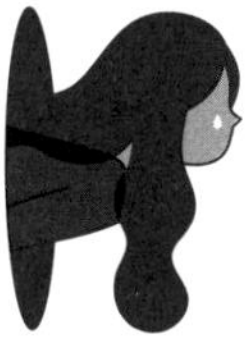

PART 7

상황별 안전 솔루션

PART 1

대한민국은 안전하지 않다

01

우리는 범죄자와 이웃이다

우리는 범죄자와 이웃이다. 정말 안타까운 사실이지만 나도 납득하기가 쉽지 않았다. 실체를 보기 전까지 말이다.

영화 〈이웃사람〉은 2012년 개봉한 배우 마동석 주연의 스릴러 영화이다. 영화의 간략한 줄거리는 이러하다. 어느 아파트에서 한 소녀가 트렁크 가방에서 죽은 채 발견이 된다. 그 사건을 기점으로 열흘 간격으로 연쇄살인이 발생하면서 이웃사람들은 두려움에 떨기 시작한다. 그러던 중 지나친 수도세, 사건 발생일마다 배달시키는 피자 등을 보면서 102호의 남자에게 의문을 품기 시작하며 범죄를 막기 위한 이웃사람들의 사투가 벌어진다. 극중 마동석 배우가 맡았던 조폭 캐릭터는 단지 아파트에 살고 있다는 이유로 주민들에게 질타를 받는다. 큰 덩치와 팔의 문신, 거친 언행은 사람들에게 그가 연쇄살인범일지도 모른다는 의심을 품게 했다. 사실 부정적 이미지의 조폭이지만 극중에서는 연쇄살인범을 시원하게 혼내주는 다크 히어로처럼 등장한다.

영화의 한 장면이지만 어쩌면 현실성이 있는 상황이라고 생각했다. 실제로 우리 이웃 중에는 종종 혐오감을 주는 사람이 있다. 만약 우리주변에서 영화와 비슷한 사건이 일어난다면 평소 과한 문신 등으로 혐오감을 주던 사람을 의심할 수도 있겠구나 생각을 해보았다. 그렇다면 영화 〈이웃사람〉처럼 우리 주변에는 정말 범죄자가 살고 있을까? 영화 속 범인과 같은 사람도 살고 있을까? 그렇다. 범죄자는 우리 가까이에서 이웃으로 살아가고 있다.

보호관찰소에 근무하기 전까지는 범죄자에 대한 생각이 그다지 없었다. 범죄자가 어디에 살고 있는지 같은 사항은 관심 밖이었다. 그러나 지금은 알고 싶지 않아도 알아야 한다. 범죄 예방을 위해서 말이다.

20대 초반에 자취생활을 했다. 내가 살던 동네는 정말 한적하고 조용했고, 그 동네 출·퇴근길은 봄이면 벚꽃으로 만개했던 곳이다. 정말 좋은 추억이던 그곳은 더 이상 내게 아름다울 수 없게 됐다. 평범하게 거닐던 길과 장소도 평범한 곳이 아니게 되었다. 그곳에도 내가 관리하던 대상자가 살고 있었다. 또 아동·청소년 대상 성범죄를 일으켜 신상정보공개·고지 중인 범죄자들도 거주하고 있었다. 자주 이용했던 세탁소, 슈퍼도 그들이 이용했던 곳이다. 차라리 범죄를 저지른 사람들을 몰랐다면 좋았을까 하고 생각해본 적도 있다. 좋은 추억으로 남기고 싶었던 그곳에서 범죄자들이 이웃으로 살아가고 있었다. 그 동네에 살면서 보호관찰 직장을 다닐 때는, 대상자가 있는 곳을 그냥 지나친 적이 없다. 혹여나 그들이 범죄를 저지르고 있는 건 아닌지 한 번 더 확인을 하고 싶었다. 집에서 쉬는 날이면 건너편에 보이는 대상자 주거지가 눈에 아른거려 거길 가서 더 확인한 적도 있었다. 또 마트를 갈 때 그 대상자가 마트에서 장을 보고 있는 것을 보고 휙 돌아서 마트를 나와 버린 적도 여러 번이다. 이제는 그 동네에 살지 않지만 보호관찰관과 함께 대상자를 면담할 때 그 동네를 자주 방문한다. 이제는 익숙해져 크게 추억 타령하지는 않는다. 단지 안타깝다.

내가 살던 동네가 아니더라도 내 친구들, 친척들, 동료들이 사는 동네에도 범죄자는 살고 있다. 꼭 전자발찌 대상자가 아니더라도 잠재적인 범죄자들, 지금도 범행을 실행 중인 범죄자들도 있을 것이다. 영화 〈이웃사람〉은 말 그대로 영화다 보니 범죄자의 특성이 고스란히 드러난다. 하지만 실제로 내가 만난 사람들은 결코 그렇지 않았다. 그들은 외형적으로 "내가 범죄자요" 할 만큼 특색은 없다. 그렇게 범죄자들은 우리 곁에서 이웃으로 살아간다.

나는 이 글을 통해서 여러분께 범죄자가 이웃이라는 것을 강조하고 있다. 이 지점에서 여러분은 경각심을 높여야 한다. 내 주변에 어떤 사람들이 살고 있는지 관심을 갖자. 꼭 이웃을 찾아가서 누군지를 확인하라는 것이 아니라, 신상정보 알림e 사이트를 이용해서라도 이웃 중에 위험한 인물은 없는지, 내 자녀가 그런 사람들에게 위협이나 범죄에 당하지 않을까 하는 생각을 해보란 의미이다. 무감각해진 경각심을 꺼내야 한다.

가만히 그들이 생각한대로 두지 말라는 것이다. 범죄라는 건 사전에 차단해야 한다. 그것이 범죄 예방인 셈이다. 우리 이웃이 과연 누구인지 관심을 가져야 한다. 경각심을 가지고 범죄를 예방하는 습관을 들여야 한다. 범죄는 언제 어떻게 나에게 일어날지 모르기 때문에 습관적으로 경계해야 한다. 어린아이가 횡단보도를 건널 때 손을 들고 고개를 좌우로 흔들어 차량을 확인하는 것처럼 말이다. 내 이웃에 어떤 범죄자가 살고 있는지, 누가 나에게 위협적으로 다가올지 모른다. 그렇기 때문에 경각심을 갖고 범죄를 예방하는 습관을 가져야 한다.

나는 전자발찌 대상자들의 범죄를 연구하면서 그들의 수법, 예방법에 대해 생각해왔다. 그들을 파악하는 자체도 중요하겠지만 가장 중요한 건 범죄 예방 습관을 들여 범죄로부터 자유로워지는 것이다. 정말 많은 범죄자들이 우리 이웃으로 살아간다. 여러분은 그것을 잊으면 안 된다. 언제든지 나에게 범죄 피해가 일어날 수 있다는 사실을 말이다.

02

신종 마약, 나도 모르게 당한다

최근 이슈였던 '물뽕 사건'을 기억하는가? 강남의 한 클럽을 통해 연예인들이 줄줄이 구속되고, 마약과 폭행, 정경유착 의혹까지 불거진 사회적 사건이다. 이 가운데 우리가 주목해야 할 것은, 클럽 안에서 벌어지는 무차별적인 성매매, 그것도 마약을 이용한 성범죄이다.

사실 클럽에서의 마약을 이용한 성매매 사건이 어제오늘 일은 아니다. 그럼에도 불구하고 뿌리 뽑히지 않고 지속해 왔다는 건, 당신도 친구들과 놀려고 간 클럽에서 성범죄에 휘말릴 수 있다는 뜻이다. 과연 물뽕 사건이라 불리며, 세상을 발칵 뒤집어 놓은 클럽 내 성범죄는 어떻게 이루어질까?

클럽에는 음악과 춤, 술, 이성이 함께한다. 여성이 친구들과 함께 웃고 즐기는 사이, 나쁜 의도를 가진 사람이 나타나 술이나 음료를 건넨다. 이를 받아 든 여성이 아무 의심 없이 마셔버린다면? 곧바로 기억을 잃고 몸을 가누지 못할 것이다. 클럽에 있는 성범죄자는 여성들을 성적 대상으로만 생각한다. 서로 합의된 관계만 갖는다면 무슨 문제가 있겠느냐마는, 문제는 그렇지 않을 때이다. 이들은 술에 수면제나 물뽕을 타 정신을 잃게 한 뒤 인근 모텔로 데려가 성폭행한다.

나이트클럽에서는 웨이터가 숙취 음료에 약물을 타 여성들의 정신을 잃게 만들기도 하고, 숙취 음료에 흥분제를 넣어 마시게 한 뒤, 돈을 받고 남성에게 보내기도 한다. 알지 못하는 사이에 성매매가 벌어지는 것이다.

이제 갓 성인이 된 20대 여성들이 클럽에서 성적 위협을 받고, 참극을 당했다는 소식을 들으면 너무 안타깝다. 물론 모든 클럽이 이런 마약을 이용한 성범죄의 온상이 되는 건 아니다. 건전하고 재미있게 놀 수 있는 곳도 많다. 그러나 여성이라면 그곳에서 나를 노리고 있는 성범죄자가 있을 수 있다는 사실을 유념하자. 단지 친구들과 음악을 즐기러 갔을 뿐인데, 낯선 사람이 건

네는 음료 한 잔에 의식을 잃고, 원치 않는 일을 당할 수 있다는 것을 알아야 한다.

당신의 음료 안에 넣는 약물들

속칭 물뽕이라 불리는 신종 마약은 정확히 'GHB(gamma hydroxy butyrate, 중추 신경 억제제)'라는 향정신성의약품으로, 데이트 강간 약물로도 유명하다. 무색무취여서 음료나 술에 타면 절대 알 수 없으며, 먹게 되면 바로 기억을 잃는다.

물뽕이 위험한 이유는, 먹는 즉시 정신을 잃는데다, 6시간 이상 지나면 체내에서 해독되어 버려 약물 검사를 해도 성분이 검출되지 않기 때문이다. 가해자를 잡을 기억도, 증거도 남지 않는다.

물뽕뿐만이 아니다. 불면증 치료에 쓰이는 신경 안정제인 졸피뎀 또한 성범죄자들이 즐겨 쓰는 의약품이다. 졸피뎀을 넣은 술을 마시면 만취한 사람처럼 행동하게 되고, 결국 정신을 잃는다. 최음제도 사람을 혼미하게 만들고, 흥분시킨다.

모두 쉽게 구할 수 있어 성범죄자들이 많이 사용하는 약물이며, 당신을 의도치 않는 성폭력에 노출시킬 수 있다.

대한민국의 안전을 누가 책임질 수 있는가? 클럽에서 놀고 있는 당신을 누가 보호할 수 있는가? 낯선 사람이 준 음료가 당신의 인생을 바꿔놓을 수 있다. 평생 트라우마에 시달릴 수도 있고, 대인기피증이나 우울증과 싸워야 할지 모르며, 평범한 삶으로 돌아오기까지 아주 긴 싸움을 해야 할 수도 있다.

클럽에 있는 당신, 낯선 사람이 주는 모든 음료를 거부하고, 성범죄에 경각심을 갖자. 그들은 한순간에 당신을 나락으로 빠뜨릴 수 있다.

03

불법 촬영, 당신도 당할 수 있다

누군가 몰래 당신을 지켜보고 있다면? 당신이 자주 다니는 화장실부터 출근하는 지하철, 휴식을 취하는 숙소까지 당신의 일거수일투족을 엿보고 몰래 촬영하는 이가 있다면? 섬뜩하다 못해 큰 충격으로 삶이 피폐해질 일이다.

우리는 카메라에 익숙하다. 스마트폰의 보급으로 찰나의 순간도 놓치지 않고 사진으로 기록하며, 어디를 지나가든, 어디를 들르든, 수백 대의 CCTV가 우리를 지켜보는 일에 익숙하다. 그러나 카메라가 당신의 추억을 담고, 안전을 지켜주는 일에만 사용될까? 그렇지 않다. 카메라가 악용되는 대표적 사례는 '불법 촬영'일 것이다.

불법 촬영은 참 고약하고 역겨운 방식의 성범죄이다. 불법 촬영을 당한 여성들은, 사생활이 불특정 다수에게 노출된다는 사실에 엄청난 고통을 받으며, 수치심과 절망감에 목숨을 끊기도 한다.

게다가 대한민국에서 불법 촬영 성범죄는 상업적으로 진화하기까지 했다. 연인 사이의 성관계를 몰래 촬영해 협박하던 수법에서, 이제는 옷을 갈아 입거나, 화장실에서 용변을 보는 일까지 몰래 찍어 성 포털 사이트에 등록해 다운로드 된 수만큼 돈을 번다. 그리고 직장 동료나 친구들끼리 SNS로 서슴지 않고 돌려보기도 한다. 개인의 비밀스러운 행동이 타인에게 즐거움을 주는 도구가 되어버린 것이다.

불법 촬영범들은 장소를 따지지 않는다. 지하철과 버스, 공공화장실은 물론, 직장 내 사무실, 화장실, 탈의실, 휴게실 등도 가리지 않는다. 대한민국은 사실상 불법 촬영의 천국이며, 지금도 불법 촬영을 통한 협박, 강간, 금품 갈취와 같은 중범죄가 일어나고 있다.

인기 가수이자 방송인인 A씨가 성관계 도중 몰래 영상을 촬영했다. 그러고는 친한 동료들과 영상을 공유하며, "○○이랑 잤어.", "상가에서 관계했어.", "영상 걸릴 뻔했어. 사귀는 척하고 하는 건데."라는 발언을 했다. 그리고 그는 불법 촬영과 촬영물 유포 혐의로 구속되었다.

A씨가 헤어진 여자친구 B씨를 만났다. 둘은 저녁을 먹으며 술을 마셨다. 분위기가 무르익자, A씨는 B씨의 집에서 한잔 더 하기를 바랐고, B씨는 처음에는 거절했다가 이내 마음을 바꿨다. 그러나 A씨는 술을 마시다가 욕정이 올라와 성관계를 요구했고, B씨가 거부하자 물리적 폭력을 행사하며 성폭행을 시도했다. B씨가 완강히 몸부림치자, 화가 난 A씨는 갑자기 영상을 촬영하기 시작했다. "뭐하는 거야!"라고 B씨가 거세게 항의했지만, A씨는 아랑곳하지 않고 영상을 찍은 뒤, 지속적인 성관계를 요구했다.

자, 그렇다면 어떻게 해야 불법 촬영의 덫에 걸리지 않을 수 있을까? 나는 불법 촬영을 당한 피해자의 입장에서 여러 번 생각하고 고심했다. 어떻게 하면 불법 촬영에서 안전할 수 있을지 말이다. 어쩌면 모두 알고 있지만 방심해서 놓친 부분일 수 있다.

solution 1 술은 적당히 마시자

불법 촬영범의 주 범행 대상은 과도한 음주로 정신이 없는 여성이다. 그들은 술에 만취한 여성을 '골뱅이'라는 단어로 비하하며, 성추행하는 영상을 촬영해 유포하고 협박한다. 실제로 이런 사건이 매우 많다는 걸 알아두었으면 한다. 술을 마시더라도 주량 이상 먹지 않아야 한다.

solution 2 성관계 촬영은 금물이다

연인 사이에 사랑은 중요하다. 하지만 사랑을 확인한다는 명분으로 성관계 영상을 요구한다면 냉정하게 거절하라. 현재 사랑하는 감정이 끝까지 가면 좋겠지만, 그렇지 못한 경우 성관계 영상이 협박용이 되는 사례를 많이 보았다. 연인 사이에서도 도를 넘는 요구는 거부해야 한다. 더구나 사랑을 확인하는 방법이 성관계 영상 요구일 리도 없다.

solution 3 사소한 습관이 중요하다

무엇을 입는지는 개인의 자유지만, 짧은 치마를 입은 여성이 불법 촬영 범죄의 대상이 되는 경우는 아주 많다. 불법 촬영범이 노리는 게 속옷이기 때문이다. 그들은 속옷을 찍기 위해 카메라를 낮은 곳에 둔다.

사람이 많은 계단이나 언덕을 오를 때는 핸드백이나 쇼핑백으로 노출되는 부위를 살짝 가리자. 사소한 습관이 성범죄를 막는다.

불법 촬영범은 방심하는 여성을 주요 범행 대상으로 삼는다. 그러므로 당신 스스로를 보호할 수 있는 방법을 찾아야 한다. '이렇게까지 해야 해?'라고 생각할 수 있다. 굉장히 피곤하고 귀찮을 수도 있다. 그러나 범죄는 점점 지능화되고 있으므로 여성들도 영리하게 대처해야 한다.

빨리 대한민국에서 불법 촬영 범죄가 사라지길 바란다. 모든 사람이 편리하고 안전하게 공공시설을 이용하고, 자신의 삶을 살길 바란다. 불법 촬영이 없어져야 할 이유이다.

04

미투 운동으로 본 위력에 의한 성범죄

미국 할리우드에서 시작한 '미투 운동'이 대한민국 사회에도 휘몰아쳤다. 사회 분야마다 "나도 당했다."를 외치는 여성들의 목소리가 높아진 것이다. 지금껏 조직 내 성범죄의 경우, 피해자들이 피해 사실을 숨기는 경우가 많았다. 폭로했다가 부조리한 일을 겪어야 했기 때문이다. 즉, 조직 내 성범죄는 애초에 불평등한 구조에 놓여 있는 셈이다.

이런 분위기에서 미투 운동이 확산한 계기는 2018년, 한 여성 검사가 방송에서 검찰 내 성추행 사실을 고발하면서부터이다. 정말 마른 풀에 불이 붙듯 미투 운동이 퍼져나갔다. 연예계, 예체능계, 교육계, 정치계 할 것 없이 온갖 분야에서 위력에 의한 성범죄 사실이 폭로된 것이다. 각 분야의 권위자였던 가해자들은 성범죄 사실에 묵묵부답인 채 뻔뻔한 행보를 이어나갔지만, 세상이 변했다. 그들은 이를 계기로 사회적 지위를 박탈당하고, 대중에게 질타받았다.

미투 운동은 SNS에 해시태그를 붙여 폭로되는 특징이 있다. 그래서 유명인들만 성폭력을 저지른 것처럼 보일 수 있으나, 위력에 의한 성폭력은 우리 사회 어디에나 만연해 있다. 그 말은 즉, 당신과 당신의 주변인도 당할 수 있다는 뜻이다.

권력과 위력에 의한 성범죄는 피해자 개인이 감당해야 할 고통과 상처가 크다. 보통은 재력이 있는 사람에게서 없는 사람에게로, 권력이 있는 사람에게서 없는 사람에게로 범죄가 일어나므로 소송해봤자 소용이 없으며, 오히려 더 해보라는 듯 지속해서 압박하는 가해자도 많다.

상명하복이 있는 직군에서도 위력에 의한 성범죄가 많이 발생한다. 군대에서는 상급자가 하급자를, 교육계는 교사가 학생을, 예체능계에서는 코치가 선수를 성폭행하고 성희롱한다. 내 미래와 내 인생이 윗사람에 의해 좌지우지되기 때문에, 피해자들이 적극적으로 소리 내지 못하는 구조이기 때문이다. 운동선수의 경우, 본인의 고발로 인해 코치가 성 추문에 휩싸이게 되면 선수 생활까지 위태로워질 수 있다. 그래서 내 미래를 응원하는 가족에게조차 털어놓지 못하는 현실에 외로운 싸움을 해나가며, 가해자는 이런 구조를 악용해 파렴치한 일을 일삼는다.

당신은 방관자일 수 있다

대한민국에서 성범죄가 만연한 이유 가운데 하나는, 성범죄 사실을 알면서도 입을 닫는 방관자들 때문이다. 동료의 피해 사실을 알고도 나와는 상관 없는 일이라고 여기며 무관심한 사람도 있고, 심지어 웃는 사람도 있다. 여전히 조직 내에서 가해자들이 안하무인일 수 밖에 없는 이유다.

미투 운동이 활발했을 때, 인터넷에는 피해자들을 향한 응원과 격려의 댓글이 넘쳤고, 그들에게 박수를 쳤다. 그러나 피해자들의 폭로가 사회에 무리를 주고, 자랑인 양 떠드는 게 보기 싫다는 악성댓글도 있었다. 도대체 이들은 왜 성폭력 피해자들에게 잘못이 있다고 이야기하는 걸까?

그들은 이러한 폭로가 여성 우월주의에 기반한다며 피해자들에게 폭언하기도 하고, "네가 처신하지 못한 일을 무슨 자랑이라고."라며 돌을 던지기도 했다. 과연, 내가 사랑하는 사람이 단지 여성이라는 이유로 따가운 눈총을 받는다면 용납할 수 있을까.

나는 피해 사실을 용기 있게 폭로하는 여성들을 응원한다. 조금 더 나은 세상을 만들고 있는 당사자이기 때문이다. 그리고 이런 여성 운동에 무관심한 사람 모두 방관자이다. 대한민국이 안전하고, 올바른 사회가 될 수 있도록 그녀들의 행보를 격려해야 한다. 우리에게는 사회 구성원 모두가 안전하게 살 수 있는 사회가 될 수 있도록 피땀 흘려야 할 의무가 있다.

그래도 폭로하라

미투 운동이 4년 정도 지난 현시점, 행보가 낙관적이지는 않다. 검찰청에서는 폭로된 성폭력 사실에 대한 맞고소가 진행 중이며, 연일 이슈였던 폭로 사실도 시들해졌다. 오히려 가해자가 피해자로 둔갑하기도 했고, 법적 싸움으로 사회적 피로도가 쌓였으며, 대중의 관심도 줄었다. 여전히 그녀들은 홀로 외롭게 싸우고 있다. 조직 내 성범죄 또한 여전하며, 해결되지 않는 듯 보인다. 그러나 현실이 개선되지 않는 한 당신을 지지하는 사람은 계속 존재한다. 작은 촛불이 큰불이 되는 것처럼 많은 사람이 지켜보고 있다.

성범죄가 발생한 후에 피해자가 보호를 받을 수 있는 세상, 그리고 성범죄가 일어나지 않는 세상을 만들기 위해서는 미투 운동이 실패로 끝나서는 안 된다. 남의 일로 여기지 않고 적극적으로 관심 두었으면 한다.

05

대한민국은 치안 안전국인가?

외국인이 우리나라를 여행하는 모습을 담은 〈어서 와~ 한국은 처음이지?〉라는 예능 프로그램이 있다. 남아공의 세 남자가 우리나라를 여행하는 장면을 보았는데, 그들이 우리나라의 밤 문화에 놀라는 장면이 인상적이었다.

"와, 남아공에는 월요일 저녁에 이런 분위기를 절대로 느낄 수 없어.", "밤인데도 걱정하지 않고 걸어 다닐 수 있어서 좋다.", "난 휴대폰을 손에 들고 걷고 있잖아. 그런데 아직 잃어버리지 않았어." 나는 그들의 대화가 언뜻 이해되지 않았다. 남아공이 절도, 차량 강탈, 강도의 위협으로 밤에는 나갈 수 없는 나라라는 걸 몰랐기 때문이다. 남아공과 비교해 본다면 대한민국은 절대적인 치안 안전국이다.

외국인들은 대한민국을 여행하기 좋은 이유로 '치안'을 1순위로 꼽는다. 실제로 우리나라는 CCTV가 골목골목 설치되어 있고, 24시간 운영하는 식당과 편의점이 있으며, 경광등을 밝히는 순찰차가 우범 지역을 수시로 순찰한다. 게다가 카페 테이블에 노트북과 지갑을 둬도 누가 가져가지 않으며, 길에서 누군가가 머리에 총을 겨누는 일도 없다. 그러나 이런 안전함 덕분일까?

많은 여성이 홀로 인적이 드문 골목을 아무렇지 않게 다니고, 늦은 시간까지 술을 마신다. 성범죄자가 이런 상황을 노리고 있다는 데에 무척 둔감하다. 모든 개인은 경각심을 가져야 한다. 그래야 개개인의 진정한 안전이 보장된다.

대한민국 성범죄 발생률

그렇다면 대한민국이 정말 안전한 국가인지 통계를 통해 알아보자. 2020년 검찰청 통계에 따르면, 성범죄는 30,105건이 발생했다. 이 중 가해자와 피해자의 관계를 살펴보면, 성인은 타인(모르는 사람)에게 58.7%, 청소년은 타인에게58.9%, 친구에게 11.4%가 발생했다. 즉, 성인은 전혀 모르는 사람에게 당하는 비율이 높았고, 청소년은 아는 사람에게 당하는 비율이 높았다.

계절별로는 여름 30.1%, 가을 24.3%, 봄 24.2%, 겨울 21.5%로 여름이 높았고, 장소별로는 주거지 24.2%, 유흥접객업소 12.9%, 노상 11.8%, 기타 30.6%로 나타났다. 시간대별로는 낮 12:00~17:59이 23.3%, 밤 20:00~03:59이 43.3%였다. 즉, 전체 성폭력의 51.7%가 저녁 시간 이후에 발생했다.

하루에 89명의 여성이 성폭력 피해를 보고 있다. 그러나 보복성 협박이나 그루밍 성범죄 등으로 인해 신고하지 못하는 경우를 따지면, 실제 성폭력 피해는 더 많을 것으로 예상된다.

13세 미만 아동의 경우, 장소별로는 주거지 46%, 노상 15.4%, 숙박·유흥업소 4.2%, 학교 3.5%가 발생했고, 관계별로는 타인에게 55.1%, 친족에게 17.6%, 이웃·지인에게 16.6%가 발생했다. 즉, 아동은 타인에게 노상에서 당하거나, 친족에게 주거지에서 당하는 경우가 많았다. 과연 우리나라는 치안 안전국이 맞는가?

남의 일이 아니다

아직도 성범죄가 남에게만 일어나는 일이라고 생각하는가?

그렇다면 당신은 둔감한 편이다. 나는 전자발찌 대상자를 관리하며 정말 많은 성범죄 사건을 다루었다. 성범죄는 폭력, 유괴, 살인으로 이어질 수 있기 때문에 결코 가벼운 범죄가 아니다. 성범죄의 민낯을 안다면 성범죄에 대한 생각이 달라질 것이다.

나는 대한민국에서 단 한 건의 성범죄가 발생하지 않을 때까지 사명감을 불태울 생각이다. 불가능한 일일지라도 그리 할 것이다.

성범죄는 예부터 언제 어디에나 있었다. 그들은 약자를 상대로 수단과 방법을 가리지 않고 의도적으로 접근해 범행했다. 그리고 그 현장은 참혹하기 그지없다. 실제 성폭력 현장을 보면 알 수 있다. 피해자의 몸은 찢기고 멍이 들어 있으며 혈흔도 낭자하다. 성범죄가 '폭력'의 범주에 들어 있는 이유이다.

대한민국의 밤은 당신의 뒤통수에 총을 겨눠 돈을 빼앗지는 않는다. 그러나 당신을 대상으로 한 성범죄는 언제든 일어날 수 있다는 사실에 유념해야 한다.

06

"미국은 1000년을 판결한다"

죽어서도 죗값을 치러라

미국은 우리나라와 다르게 범죄자의 인권 보호가 약한 편이다. 유튜브를 시청하던 중 미국 법원의 범죄자 재판 영상을 보게 되었는데, 내게 꽤 신선한 충격을 안겨주었다. 범죄자의 얼굴은 평범하고 체형은 왜소한 편이지만 저지른 범행은 놀라울 정도였다. 그가 저지른 범행은 수년 동안 150명의 여성을 성폭행한 혐의다. 범행만 보더라도 악질인 범죄자에게 내려지는 형이 궁금했다. 숨죽여 보고 있을 때, 반성의 기미조차 없어 보이는 범죄자에게 내려진 판결은 징역 1000년이었다.

사람의 수명은 어떻게 될까? 세계보건기구(WHO)에 따르면

2020년 기준 73세다. 한국인의 기대수명은 83.3세라고 한다. 해마다 기대수명은 늘어나고 있고, 우리는 100세 시대를 살고 있다. 100세도 잘 넘기지 못하는 것이 우리 인생인데 미국 법원에서 범죄자에게 선고한 1000년은 도대체 어떤 의미일까? 1000년이라는 것은 '당신은 죽어도 죄로부터 벗어날 수 없다'라는 뜻이지 않을까?

미국의 범죄자 처벌은 여기서 끝나지 않는다. 1000년 정도 징역을 받을 만한 범죄자니까 그렇다. 형이 짧은 사람들은 어떻게 되는가? 그 범죄자들은 어떤 관리를 받게 될까? 미국은 메건 법(Megan's Law)과 제시카 법(Jessica's Law)이 있다. 메건 법(Megan's Law)은 우리나라 신상정보 공개·고지와 비슷한 시스템이다. 기소된 적 있는 강간범, 성도착자, 성범죄자 등에 대해 10년간 그들이 생활하는 주소지를 주 당국에 등록해야 하며 주민들이 통신을 통해 명단을 제공 받을 수 있는 제도이다. 또 제시카 법(Jessica's Law)은 미국의 플로리다 주에서 아동 성범죄자에 의해 목숨을 잃은 소녀의 이름을 따서 만든 법이다. 12세 미만 아동을 대상으로 성범죄를 저지른 경우 최소 징역 25년, 평생 전자 발찌 착용 등의 엄중한 처벌을 하는 법률이다. 우리나라 전자감독 제도와 비슷하지만 범죄자에게 더 엄격하다.

또 미국이 범죄자 인권 영역에서 굉장히 엄격하다고 느낀 것이 있다면 메건 법(Megan's Law)을 활용한 파격적인 성범죄 알리기이다. 미국은 주마다 다르지만 텍사스 주에서는 범죄자의 집과 차에 팻말을 부착하라는 판결을 하였다. 팻말은 말 그대로 다른 사람들에게 알리기 위하여 글을 써놓는 조각에 쓰인 글인데 그것을 집 앞과 범죄자의 개인 차량에 팻말을 붙여서 알리는 셈이 된 것이다. 얼마나 파격적인가? 이 메건 법 팻말을 사용한 엄중한 방법은 지금은 사용하지 않고 있다고 알고 있다. 그래도 미국은 엄벌적인 방법을 사용한다.

그렇다면 우리나라에서는 왜 이런 강력한 판결을 보기 어려운가? 우리나라도 미국처럼 1000년을 선고하고 강력한 팻말을 박아서 주민들에게 직접적으로 알리면 어떨까?

우리나라 범죄자 처벌은 미국에 비해 굉장히 약한 편이다. 그 이유는 우리나라가 어떤 법을 받아들였는지와 관련된다. 각 나라마다 적용 법이 있다. 흔히 알고 있는 영미법, 대륙법, 샤리아 등이 있으며 미국은 영미법을 따른다. 영미법은 판례법주의로 판례를 굉장히 중요시 본다고 하며 법의 지배원리로 법이 국가의 삼권(입법, 사법, 행정)보다 상위에 존재하기 때문에 국가 권력은 법에 복종해야 한다고 한다. 그래서 영미법은 판사의 재량이 굉장히 강력하고 징역에 대해 엄벌주의로 범죄자를 사회에서 단절해야 하며 양형의 상한선이 없는 편이다. 그런데 우리나라는 대륙법을 따른다. 대륙법이란 독일, 프랑스를 중심으로 유럽의 나라들에 형성·발전한 성문법주의로 법전에 있는 그대로 판결해야 한다. 법치주의로 범죄자의 사회 단절보다는 교화에 초점을 두며 양형에 상한선이 있다.

이렇게 어떤 법을 따르느냐에 따라 형량은 낮을 수 있고 높을 수 있다. 그렇다 보니 형량도 미국의 비해 낮을 수밖에 없다. 또 우리나라는 범죄자가 형량을 낮추는 방법들이 있다. 즉, 범죄자들이 피해 나갈 구멍이 많다. 정확히 말하자면 형량 감경 사유가 많다. 예로 심신 미약, 농아자, 자수, 처벌 불원(처벌을 원치 않는다는 의사표시 양식서) 등 양형을 낮추는 방법들이 있고 초범이거나 합의 제도로 감형사유가 되고 반성문부터 각종 탄원서들은 반성의 의미를 주기 때문에 형량을 낮추는 방법이다. 또 전과가 많은 범죄자가 반성문을 제출하고 판사 앞에서 눈물을 보이는 행위로 감형을 받는 경우도 있다. 이런 것을 두고 흔히 '악어의 눈물'이라는 표현을 쓴다.

사회적 분위기가 예전과는 많이 달라졌다. 법치주의를 따르더라도 피해자의 인권이 존중받는 시대가 필요하다.

범죄자들은 오늘도 범죄에 대한 일말의 반성 없이 '악어의 눈물'을 흘리고 배우처럼 연기하며 빠져나갈 구멍을 노린다. 미국의 상한선이 없는 1000년 선고까지는 필요하지도 않다. 솜방망이 처벌이 아닌 강력한 처벌로 그들이 충분히 반성할 수 있어야 하며 피해자로부터 확실하게 격리되어야 한다. 그런 대한민국이 우리는 필요하다.

07

우리는 프로파일러가 아니다

우리는 범죄 전문가가 아니다

TV 채널을 돌리다 보면 심심치 않게 나오는 프로그램이 있다. 바로 범죄를 재구성하거나 묘사한 프로그램이다. 연예인이 실제 사건을 서로 대화하듯 묘사하고 범죄 전문가들이 실제 범죄자들과의 일화를 풀어내어 실감나는 현장 이야기를 들려준다. 나도 범죄 재구성 프로그램을 자주 보는 편인데 주로 유튜브 〈김복준의 사건의뢰〉 채널의 영상을 시청한다. 재미보다 사건 분석에 초점이 맞춰져 있어 범죄에 대해 공부하고 있는 입장에서 도움이 되기 때문이다.

전자발찌 대상자를 오랜 시간 동안 관리하다 보니 사건 내용에 대해 무뎌지기는 했지만, 범죄 재구성 프로그램은 배경음악부터 사건 전개를 드러내는 방식까지 몰입도를 높여주어 사건의 잔악함이 생생하게 와닿는다.

사건 재구성 프로그램에 자주 등장하는 대표적인 범죄자들이 있다. 유영철, 정남규, 이영학, 김길태 등 연쇄살인 성범죄자들이다. 그들이 저지른 범행은 아무리 마주해도 끔찍하지만 나는 범죄자를 알기 위해 계속해서 그들을 공부한다.

범죄 예방을 위해 범죄를 공부하고, 전자발찌 대상자를 관리하면서 연구한 토대로 나는 한 가지 의문을 제기해볼 수 있었다. 특히 추악한 연쇄살인 성범죄자들을 볼 때면 더욱 떠오르는 의문, 바로 '범죄자들은 타고난 것인가'이다. 내 결론은 'NO'이다. 유전적 요인의 영향을 받은 선천적 범죄자도 있지만 환경적 요인 등으로 인한 후천적 범죄자가 더 많다고 본다.

전자발찌 대상자들도 가정이 있고 부모가 있었다. 그런데 폭력적인 가정을 벗어나고자 가출을 하면서 비슷한 부류들을 만나고 성관념을 잘못 깨우치게 되는 경우가 많다. 후천적 범죄자 중 대다수가 이러한 경우에 해당한다. 그릇된 행동을 일삼는 집단생활을 하며 무분별하고 폭력적인 성가치관이 더 악의적으로

변한다. 그런 생활에 익숙해지면 약한 사람들을 약탈하고 더 악의적인 짓을 행해도 양심의 가책을 느끼지 못한다. 그들은 결국 큰 사건을 저지르고 교도소에서 수용생활을 하다가 전자발찌까지 차게 된다.

선천적 범죄자의 경우 소아 성애자를 예로 들 수 있다. 소아 성애자는 성인 여성에게 성적 매력을 느끼지 못하고 아동을 상대로 성적 욕망을 느끼는 성도착증 환자이다. 그들은 자신의 비정상적인 성적 충동을 억누르지 못하고 아동을 대상으로 성범죄를 저지른다.

선천적이든, 후천적이든, 결국 그들은 범죄자들이다. 그런 범죄자들이 우리 주변에 살고 있고 그런 범죄자의 공격으로부터 우리를 지켜야 한다. 그러려면 범죄 예방에 관심을 가져야 한다. 그들의 심리나 특성을 어느 정도 알더라도 범죄 예방에 관심을 갖지 않으면 절대 그들을 막을 수 없다. 수년간 강력 범죄자들을 관리하며 그들의 심리와 특성을 파악한 나조차 말이다.

현재 관리 받고 있는 대상자가 아닌, 재범 위험성이 큰 범죄자는 얼마든지 우리 주변에 살고 있다. 매년 일어나는 범죄를 수치화한 범죄분석 통계에서 알 수 있다. 일상에서 범죄자들을 감별해내기는 무척 어렵다. 그래서 그들의 심리나 특성을 공부할 필요가 있다. 범죄자에 대해 파악해야 그들의 표적이 될 확률을 조금이라도 낮출 수 있다.

우리는 '범죄를 예방하기 위해 고도화된 범죄 심리까지 알아야 할까'라는 의문이 든다. 범죄 심리 전문가라면 모를까 우린 범죄 전문가들이 아니기 때문이다. 사실 범죄 분석을 하는 사람이라고 할지라도 실질적으로 범죄 예방에 얼마나 도움이 될지는 모르겠다. 일상으로 돌아갔을 때 겉으로 보고 범죄자를 특정할 수 있는 사람은 없다. 범죄 분석 요원이나 심리 전문가라고 해도 마찬가지다. 하지만 그렇기 때문에 우리는 더욱 범죄자들에 대해 공부해야 한다. 검은 속내를 감추고 접근하는 그들에게 일말의 의문점이라도 가질 수 있어야 한다. 그래야 위험으로부터 멀어질 수 있다.

범죄 재구성 프로그램을 통해 우리는 범죄에 경각심을 가지고 예방을 위한 지식을 쌓아야 한다. 프로그램 속 사건들을 보면, 기지를 발휘해 위기에서 탈출하는 사람들도 있고 위험한 상황에 직면하기 전 예방적인 행동과 판단으로 위기를 벗어나는 경우도 있다. 어쩌면 범죄 재구성 프로그램의 그러한 장면들이 우리가 위험 상황에 처했을 때 불현듯 떠올라 도움을 줄지도 모른다.

범죄 앞에서는 차단이 우선이라고 생각한다. 최대한 범죄 예방 지식을 많이 쌓아두고 위험한 상황이 찾아올 확률을 낮춰야 한다.

범죄는 습관으로 예방한다.

결국 범죄 예방은 차단이다. 범죄자와 맞닥뜨리는 순간은 결코 정답을 내리기 어려운 상황이다. 그 상황 속에서 상대를 파악하고 위기에서 탈출하기란 의외로 힘들 수 있다. 심리 전문가라고 할지라도 말이다. 그렇기에 범죄가 일어나기 전 차단하는 방법으로 가야 한다.

유아기부터 아이들에게 가장 강조하는 교육이 있다. 바로 교통안전 교육이다. 차를 조심해야 한다고 끊임없이 교육한다. 범죄에 목숨을 잃는 것보다, 교통사고로 목숨을 잃어 버리는 일이 많기 때문이다. 교통사고분석시스템에 따르면 연간 교통사고로 사망하는 건수는 2020년 한 해에만 3,081건을 기록했으며, 부상자를 포함하면 30만 건이라고 한다. 검찰청 범죄분석 통계로 2021년 기준 살인 범죄로 인한 사망은 805건이다. 이렇듯 교통안전은 생명과 직결되어 있기에 어릴 적부터 끊임없이 강조한다. 우리는 교통사고 없이 안전하게 이동하는 방법을 통해서 얻을 수 있는 게 있다.

예를 들어, 우리가 횡단보도를 건널 때 가장 중요한 건 신호를 지키는 것이다. 그것은 보행자뿐만 아니라 운전자도 마찬가지다. 보행자 횡단신호가 켜졌을 때는 먼저 자동차가 정지했는지를 좌우로 확인해야 한다. 정지 신호를 지키지 않는 운전자 때문에 큰 사고로 이어진다. 그렇기에 횡단보도에서 핸드폰을 보고 이어폰으로 음악을 들으며 이동하거나, 좌우로 고개를 돌려 차량이 정지했는지 확인하지 않으면 나에게 돌진하는 차량을 미처 발견하지 못한다. 절대 위험을 사전에 예방할 수 없다.

범죄 예방도 마찬가지다. 우리는 범죄 전문가도 아니고 프로파일러도 아니다. 특히 성범죄자들의 자동차(수단)가 무엇인지도 알 수 없다. 그들은 자신이 가진 수단을 이용해서 당신을 노리기 때문이다. 지금 우리에게 필요한 건 범죄를 예방하는 습관을 갖는 것이다. 범죄를 재구성하는 프로그램이나 사건 관련 기사를 접하며 경각심을 가질 필요가 있다. 언제든지 나에게도 일어날 수 있다는 생각으로 위험에 대비해야 한다.

이 책은 내가 전자발찌 대상자들을 관리하면서 범죄를 연구한 토대로, 심리적 예방이 아닌 실용적 예방 매뉴얼을 제시한다. 뒤에 나올 사건을 통해 범죄자의 습성을 확인하고, 제시된 범죄 예방 팁을 여러분의 일상에서 활용할 수 있기를 바란다.

PART 2

의외로 성범죄자들이란

01

의외로 평범한 이웃이다

당신의 이웃을 성범죄자라고 생각해본 적이 있는가? 말도 안 될 것 같지만, 나는 당신의 이웃이 성범죄자일 가능성이 많다고 생각한다. 실제로 많은 성범죄자가 사회 안에서 평범하게 살고 있기 때문이다.

나는 전자발찌 대상자를 관리하는 사람이다. 나는 그들의 집, 직장, 주변인, 관계 맺고 있는 사람들, 수시로 이동하는 곳부터 특정 지역으로의 이동까지 일거수일투족을 긴밀하게 관리, 감독한다. 그렇게 보호관찰하며 보건데, 그들은 절대 유별나거나 눈에 띄지 않는다. 겉모습은 너무도 평범하며, 어쩌면 동네 아이의 인사를 잘 받아주거나, 집 앞을 매일 쓸고 닦는 깔끔한 사람일 수도 있다. 즉, 우리는 겉모습으로 절대 그들을 알아볼 수 없다. 게다가 성범죄자라고 해서 모두 전자발찌를 부착하거나 신상정보가 고지되는 것도 아니다. 그저 평범한 옆집 사람, 상가 주인, 친절한 경비원 등의 모습으로 우리 주변에 살고 있을 뿐이다.

내가 관리하는 대상자들의 이웃도 그가 성범죄자인지 모른다. 어느 날, 한 대상자의 집을 방문했는데 경비원이 내게 아는 척을 하며 "형님 보러 오셨어요?"라고 물었다. 무척 황당했다. 이어 경비원은 그를 칭찬하기 시작했다. 주차장 옆에 있는 쓰레기 분리수거를 도와준 적이 있다는 것이다. 지금까지도 그 대상자는 경비원에게 은인으로 남아 있다.

> 호감 가는 인상의 H씨는 아파트 주민들에게 좋은 사람이라고 정평이 나 있었다. 그는 때때로 놀이터에서 아이들과 놀아주기도 했다. 그래서 아이들도 평소에 그를 잘 따르고, 부모들도 그에게 고마워했다. 그만큼 아파트 단지 내에서 H씨의 인지도는 높았다. 하지만 H씨의 마음은 달랐다. 아이들과 친분을 쌓고 천천히 성욕을 채울 준비를 하고 있었다. 그러고는 며칠 후, 한 아이에게 선물을 주겠다며 자신의 집으로 유인해 성폭행을 시도했다.

그들은 주변에서 좋은 이웃의 모습으로 사람들과 공존한다. 그들도 사회에서 살아야 할 한 국민이기 때문이다.

물론 당신의 이웃을 무턱대고 의심하라는 말은 아니다. 하지만 경각심을 가질 필요는 있다. 성범죄자 이웃과 가까이 지내다가 자녀를 잃는 경우가 의외로 많다. 누구도 그들의 속을 알 길이 없으며, 언제 내 자녀를 노리는 발톱을 내밀지 모를 일이다.

어떤 사람이 내게 '아는 것보다 모르는 게 낫다'는 말을 한 적이 있다. 하지만 나는 동의하지 않는다. 성범죄자임을 알고만 있어도 범죄를 예방할 수 있기 때문이다. 당신의 무감각해진 경각심을 깨워야 한다. 당신의 이웃은 평범하지 않을 수 있다.

02

의외로 인상이 좋다

영화 〈관상〉에서 수양대군 역 이정재의 얼굴에는 커다란 흉터가 나 있어 왠지 난폭하고 악하게 느껴진다. 이정재는 관상가 역 송강호에게 묻는다. "내가 왕이 될 상인가."

관상은 사람을 생김새와 인상을 보고 운명과 성격, 선한지 악한지를 따진다. 심지어 얼마나 장수할 수 있을지도 안다고 한다. 가능한 이야기인가? 영화 〈마이너리티 리포트〉는 범죄가 일어나기 전에 범죄를 예측해 막는 '프리크라임'이라는 최첨단 시스템이 나온다. 범행이 일어날 장소와 범인을 미리 알려줘 범죄를 막는다. 그렇다면 관상도 성범죄자를 미리 알아내는 도구로 사용한다면 범죄를 예방할 수 있을까?

물론 현실성이 떨어지는 이야기이다. 관상에서 말하는 범죄자의 관상은 수양대군 역의 이정재처럼 얼굴에 상처가 있지도, 흉악한 기운이 느껴지지도 않는다. 공개된 성범죄자의 얼굴만 봐도 느껴지지 않는가. 오히려 너무 평범해서, 결박하고 있는 형사들의 얼굴이 더 무섭게 느껴지기도 한다.

많은 사람이 성범죄자의 얼굴을 궁금해한다. 나도 그랬다. 지명 수배서만 보고는 무서운 느낌이리라 짐작했다. 그러나 직접 대면해서 본 그들은 너무도 평범했다. 잘생긴 사람도 있었고, 옆집 아저씨 같은 사람도 있었다. 이목구비가 뚜렷해 모델처럼 생기거나, 개그맨처럼 웃기게 생긴 사람도 있었다. 즉, 외모로는 성범죄자를 특정할 수 없었다.

지명 수배서나 성범죄자 알림e에 올라온 사진만 보면 범죄자 같은 느낌이 들긴 하다. 그러나 이는 그들의 범죄 사실을 알고 보기 때문이다. 범죄 사실을 모르면 예상할 수 없다.

그러나 그들의 얼굴처럼 진짜로 평범하면 무엇이 문제겠는가? 문제는 평범한 얼굴 속에 감춰진 추악함이다. 오히려 그들에게 준수한 외모는 무기이다. 사람들에게 접근하기 용이해지기 때문이다. 실제로 내가 관리하는 한 대상자는 얼굴이 잘생겨서 여러 여성을 동시에 만나기도 했다.

> 전자발찌 대상자 B씨는 이목구비가 뚜렷한 미남이었다. 그는 출소 후 친구의 소개로 한 여성을 만났고, 둘은 금세 연인이 되었다. 그러나 B씨는 전자발찌를 공개하지 못했다. 공개하면 여성이 떠날까봐 걱정되었기 때문이다. 하지만 1박 2일의 첫 여행에서 여성은 전자발찌를 보게 되었고, 여성은 곧바로 버스를 타고 집으로 가 버렸다. 그렇게 둘은 헤어지고 말았다.

당신에게 호감을 느끼고 잘해주는 사람이, 인상 좋은 사람이, 의심하고 싶지 않은 사람이 성범죄자가 아닌지 한 번쯤은 생각해보아야 한다. 내 사명은 당신의 무감각했던 경각심을 깨우는 일이다. 그래서 말해주고 싶다. 절대 겉모습으로 사람을 판단하지 말라.

03

의외로 가족과 애인이 있다

당신의 남자친구가 전자발찌 대상자라는 걸 알았다면, 당신은 그를 이해하고 계속 사랑할 수 있는가? 사랑으로 그 사람의 범죄 사실까지 덮어줄 수 있는지를 묻는 말이다.

내가 관리하는 전자발찌 대상자 대부분은 애인이 있다. 나도 처음에는 이해되지 않았다. '분명히 이 사람에게 협박당하고 있을 거야. 뭔가 책잡혀서 억지로 만나고 있을 거야.'라고 의심했다. 하지만 그들은 내 예상과는 달리 평범하게 연애를 하고, 남들처럼 결혼하고 단란하게 살기도 했다. 기혼자도 마찬가지이다. 가족이 떠날 거라는 예상과는 달리 출소 후 다시 가족의 살뜰한 보살핌을 받으며 일상에 적응해 나갔다.

사실 성범죄자들은 죗값을 치른 후, 사회에 정착하기까지 많은 시일이 걸린다. 주변에 의지하거나 도움받을 사람이 있으면 적응이 빠르지만, 그렇지 못할 경우에는 잘 적응하지 못하고 재범을 저지른다. 이런 현상을 보았을 때, 성범죄자의 연인과 가족은 사실 사회에 도움을 주는 사람들일 수 있다.

물론, 모든 성범죄자는 잠재성을 가지고 있으므로 모두 재범을 저지를 가능성이 있다. 그리고 공통적인 것은, 그들은 정상적인 관계이든 아니든 꾸준히 여성을 만난다는 사실이다. 평생을 금욕하며 사는 사람은 없다.

그렇다면 그들은 어떤 방법으로 다시 여성을 만날까? 기혼자는 다시 가족의 품으로 돌아가며, 미혼자는 다시 옛 애인을 만나거나 보통의 사람들처럼 소개를 받아 사귀기도 한다. 그렇지 않은 경우에는, 출소 후 유흥업소를 전전하다 유흥업 종사자를 만난다. 물론, 진짜 연인일 수도 있고 성적인 쾌락을 위해 만나는 사이일 수도 있다.

젊은 성범죄자들은 메신저를 이용한 채팅으로 만나기도 한다. 연령별 모임에 나가서 쉽게 친분을 쌓고 사귀는 사이까지 발전했다가, 전자발찌 부착 사실을 들키고 헤어지는 경우도 보았다.

나이트클럽에서도 많이 만난다. 웨이터에게서 이성을 소개받거나, 대범하게 개인적으로 친분을 쌓아 만나기도 한다. 이렇게 그들은 끊임 없이 여성을 만나고 헤어지기를 반복한다.

그런데 이들이 진짜로 위험한 이유는 무엇일까? 성범죄자 대부분은 여성이 많은 곳에서 활동하며 쉽게 여성을 만난다. 물론, 여성을 성적 대상으로 바라보는 사람도 있지만, 간혹 진짜로 잘 만나보려는 사람도 있다. 그러나 그 어떤 만남이든, 성적인 목적을 이루지 못하면 그들은 잔혹한 본색을 드러낸다.

그들이 과거의 습성을 버리고 사회에 정착해 바르게 살 수 있을지 아닐지 나도 모른다. 단지 나는 그들을 사회에 정착시키기 위해 긴밀히 연락하고 관리하고 확인하여 재범을 막을 뿐이다. 성범죄자 옆에 연인이 있다는 건 그들이 사회에 안정적으로 적응할 가능성이 크다는 뜻이다. 물론, 전자발찌 부착 사실을 고백했을 때 말이다.

성범죄자들은 의외로 평범하다. 아니, 겉으로는 평범해 보인다. 당신이 성범죄자를 만나지 않으려면 남성의 겉보다 속을 들여다보길 바란다.

04

의외로 인면수심의 아버지이다

모든 성범죄는 잔혹하지만 가장 잔혹한 사례가 있다. 언론을 통해 세상에 공개되면 사람들이 맹비난하는 그런 범죄, 침을 뱉으며 "못된 놈 같으니. 저게 사람이냐, 짐승도 그런 짓은 안 한다."라고 하는 범죄 말이다. 바로 자녀를 대상으로 하는 인면수심 아버지에 의한 성범죄이다.

그들은 밖에서는 착실한 아버지 노릇을 하지만 집 안에서는 악마의 모습으로 돌변하고는 한다. 자녀를 성 노리개로 여긴다. 이런 아버지가 가정에 있다면 얼마나 끔찍할까.

나는 전자발찌 대상자 중에서도 자녀를 대상으로 한 성범죄자를 대면하는 게 가장 어려웠다. 부모가 자녀를 성폭행한다는 사실이 납득되지 않았다.

친족 성범죄는 쉽게 드러나지 않는 특징이 있다. 어린 자녀들이 '그래도 아버지니까, 지금 당장은 여기가 아니면 갈 곳이 없으니까.'라고 생각하며 외부로 발설하지 못하기 때문이다. 그래서 그들은 신체적, 정신적 고통을 오랫동안 참는다.

그렇다면 그들은 왜 부모이자 보호자이면서, 눈에 넣어도 안 아플 자녀를 대상으로 성범죄를 저지를까? 타고난 걸까? 특정할 수 없지만, 눈에 띄는 공통점은 부부 사이가 원만하지 않다는 점이다. 빈곤, 음주, 폭력, 성격 차이 등으로 아내와 헤어지면 이들의 분풀이 대상은 오롯이 자녀가 된다. 아들은 물리적 폭력의 대상, 딸은 성적 폭력의 대상이 된다.

내가 관리하는 친족 성범죄자들도 겉모습만 보아서는 알 수 없다. 회사에서는 순한 사람, 이웃에게는 친절한 사람으로 기억되기도 한다. 언론에 공개된 인면수심의 아버지 같은 잔혹함이 보이지 않는다. 하지만 그들은 누구보다 악랄하게 자녀에게 성범죄를 저지른 사람이다. 또, 친인척인 삼촌, 고모부, 사촌이 조카나 사촌 여동생을 성폭행하는 일도 비일비재하다. 친족 관계에 의한 성범죄는 지금도 드러나지 않을 뿐, 여전히 이루어지고 있는 범죄이다.

A 씨는 이혼 후 12세의 딸을 키우며 홀로 생활하고 있다. 그러던 어느 해 여름, A 씨는 혼자 방에서 자고 있는 딸을 보고는 순간적으로 욕정이 생겨, 딸의 가슴과 엉덩이를 만졌다. 딸이 "하지 마!"라고 소리치자, A 씨도 자신의 행동에 놀라 방으로 돌아갔다. 그러나 같은 해 가을, 술을 마시고 들어온 A 씨는 다시 딸의 방에 들어가 잠을 자는 딸의 몸을 만져 추행했고, 강하게 거부하는 딸을 억압하고 간음하고 말았다.

친족 성폭행은 잔혹하다. 자녀의 정신적 뿌리부터 뒤흔드는 일이기 때문이다. 그렇다면 우리는 어떻게 해야 가정 내 성폭행을 근절할 수 있을까? 가장 근본적인 방법은 사회적 교육과 관심이다. 아이들은 부모의 학대를 당연하게 받아들여서는 안 된다. 부당함을 알고, 아동 시설이나 경찰에 신고하도록 가르치자. 가정에서 보호받지 못하면, 국가에서 보호해준다는 사실을 알려주자. 또한, 이웃과 사회 복지사, 시설 관계자, 교사, 의사 모두 아이에게 관심을 둬야 한다. 조금이라도 수상함이 느껴진다면 신고해서 아이의 안전을 보장해주어야 한다. 법적으로도 의사는 아이가 다쳐서 병원에 왔을 때, 폭력이 의심되는 멍이나 골절이 있다면 경찰에 신고하게 되어 있다. 우리의 관심이 가정 안에서 보호받지 못하는 아이를 구하고, 지속적인 성범죄를 끊어낼 수 있다.

05

의외로 친절하다

내가 관리하는 대상자 중 아주 친절한 사람이 있다. 그는 항상 웃으며 인사하고 악수를 빼놓지 않는다. 잔혹한 성범죄를 저지른 사람이라고 믿기지 않을만큼 친절하고 예의 바르다. 사실 전자발찌 대상자 대부분은 자신의 범죄가 이웃에게 노출될까 두려워 내가 연락 없이 방문하는 것을 싫어한다. 그러나 그는 늦은 시간에 불쑥 방문해도 "늦은 시간에 어떻게?"라며 웃으며 맞이한다. 그는 직장 내 평판도 좋을뿐더러, 보호관찰 직원들에게도 친절하다.

하지만 나는 이런 사람을 절대로 믿지 않는다. 오래전, 내게 친절한 모습을 보여 안심시킨 뒤, 아주 잔혹하게 재범을 저지른이가 있었다. 이후로 나는 그들의 친절함을 자신의 죄를 감추기 위한 가면이라고 생각한다.

그들의 친절함은 타인의 호감을 사기 때문에 위험하다. 친절함을 싫어할 사람은 없다. 그러나 그가 성범죄자라면 이야기가 달라진다. 그들은 친절함을 무기로 여성에게 쉽게 다가간다. 다소 험상궂게 생긴 사람도 친절하면 금세 사람들의 호감을 살 수 있다. 이런 사람들은 회사에서 친해진 여성에게 술을 마시자고 하고, 마시다가 술에 수면제를 타서 성폭행을 시도한다.

이유 없이 친절한 사람은 누구라도 조심해야 한다. 십년지기 친구보다 더 친절하게 다가오는 사람은 대부분 목적이 있다. 하물며 영업을 하는 사람도 물건을 팔기 위해 친절함을 무기로 삼지 않는가. 성범죄자도 마찬가지이다. 그들은 여성을 취하기 위해 친절함을 무기로 삼는다.

A양은 학교에 가기 위해 버스를 기다리고 있었다. 그때 B씨가 학교까지 태워주겠다고 차를 끌고 앞에 섰다. 평소 동네에서 친절하기로 소문난 아저씨라 A양은 의심 없이 차를 얻어 탔다. 평소 부모와도 알고 지냈고 몇 번 얻어 탄 적이 있어 가능한 일이었다. 그러나 그날은 달랐다. B씨가 학교가 아닌 야산으로 차를 몰았기 때문이다. 그렇게 A양은 오래 알고 지내던 B씨에게 성폭행을 당했다.

아이들 또한 친절한 사람에게 약하다. 친절한 성범죄자는 천천히 아이들과 친분을 쌓고, 본인을 잘 따를 즈음 집으로 유인해 성폭행한다. 전형적인 '그루밍 성범죄'이다.

친절함은 좋지만 친절함 뒤에 숨은 목적을 우리는 알아야 한다. 성범죄자들은 수단과 방법을 가리지 않는다. 친절함을 무기로 당신에게, 그리고 당신의 아이에게 접근하고 있을지 모른다.

06

의외로 후회를 한다

전자발찌 부착에도 끝은 있다. 최근 오랜 기간 전자발찌를 부착하고 있던 대상자가 기간을 잘 마무리하고 종료했다. 이 사람은 처음부터 지도감독에 굉장히 순응적인 편이 아니었다. 부착 기간을 축구 경기로 따지자면 연장전까지 갈 수 있었고, 전반전은 기 싸움을 상당히 많이 했었던 사람이다. 사람이 사람을 관리하는 직업은 기 싸움이 오가기 마련인데, 기 싸움은 정신적 피로가 상당하다. 특히 일반적인 사람들이 아닌 교도소에서 오랜 기간 수용되어 있다 사회에 나온 이들은 피로가 배가 된다. 초반에 기 싸움을 하라는 잘못된 방법을 배우고 출소한 탓에 초반부터 기 싸움을 펼친다.

그들이 초반에 기 싸움을 걸어오는 이유는 여러 가지이지만 두 가지로 압축해서 말하자면 첫째는 주도권을 형성하기 위함이다. 전자발찌 부착 후 어떻게 지도·감독하는지 이미 그들은 교도소 내에서 수감된 사람들에게 돌고 도는 이야기들로 익혔다. 간혹 얄팍한 지식으로 전자발찌에 대해 알고 있다고 생각하고 보호관찰관과 무도실무관을 깔보는 대상자도 있다.

특히 초반에 기선 제압을 해야 한다는 잘못된 배움은 큰 화를 자초하기도 한다. 출소 전 교도소에서 전자발찌를 부착하는데, 이때 그들은 벌써부터 신경전을 펼치려 자세를 잡는다. 보호관찰 직원들에게 불량한 태도로 응하고 전자발찌가 무거워 항의하기도 한다. 어느 정도 경력이 있는 보호관찰관과 무도실무관들은 기 싸움을 걸어오는 것을 알고 유연하게 대처하지만 경력이 적은 보호관찰 직원들은 당황하곤 한다. 경력이 얼마 되지 않던 때 나도 대상자들과의 기 싸움에서 밀린 적이 있다.

두 번째는 교도소에서 일명 '코걸이'의 연장선이다. 코걸이란 수감자들이 교도소 내부 지침을 외워 교도소 직원들의 태도나 정보 공개 청구로 직원들의 압박하며 주도권을 잡는 행위를 지칭하는 말이다. 직원들이 지침대로 행동하지 않았을 때, 협박하여 금품을 요구하거나 불법적인 걸 요구한다고 한다. 그들은 보호관찰 직원들에게도 동일한 방식을 행하여 주도권을 잡으려 한다. 교도소 내에서 벌이던 행태를 이으려는 것이다.

사실 모든 대상자가 그런 것은 아니다. 하지만 몇몇은 잘못 배운 것을 실행으로 옮긴다. 초반에 대상자들을 통제해놓지 않으면 부착 기간 내내 휘둘리게 되니 우리도 긴장하고 그들이 걸어오는 기 싸움에 현명하게 대응해야 한다.

오랜 시간 동안 지도·감독한 대상자를 전자발찌 부착 종료일에 다시 만난 경험도 있다. 해당 대상자 때문에 현장도 몇 번이나 출동하여 제지한 적 있는데, 준수사항을 위반하는 것은 물론 중간에 교도소에 재수감되기도 했다. 단, 동종 재범은 아니고 노역장 유치로 수감되었다. 노역장 유치는 기간 내에 벌금이나 과료를 납입하지 않은 사람을 노역장에 유치하여 작업에 복무하도록 하는 처분을 말한다. 그런 대상자도 기간이 지나고 싫든 좋든 범죄를 예방하다 보면 전자발찌 부착 종료일은 다가온다.

마지막 날 대상자 주거지에 도착하여 나는 그에게 질문을 했다. 전자발찌 부착 기간 중 그래도 좋았던 순간이 있었느냐는 물음이었다. 그와 계속 티격태격하고 나중에는 부드러운 사이가 되었지만, 날선 대답이 돌아오더라도 그 질문을 해보고 싶었다.

그는 머뭇거리다가 입을 열어 "내가 왜 이렇게 살았을까 후회됩니다."라고 말했다. 사실 대상자들이 이렇게 후회하며 반성하는 건 드문 경우이다. 범죄를 저질렀던 과거를 반성하며 잘 살아보려고 하는 사람도 있지만, 끝날 때까지 우리가 앙숙인 양 불량한 태도로 일관하다가 종료하는 사람이 적지 않다.

"후회됩니다."라고 말했던 그 사람이 앞으로 어떻게 살아갈지는 모른다. 만약 그가 또 같은 범행을 저지른다면 그는 후회스러운 자신의 인생을 포기하게 될지도 모른다. 앞으로의 삶을 결정하는 건 그에게 달려 있다. 그리고 나에게는 중요한 사명이 있다. 더 이상 피해자들을 만들지 말아야 한다. 지나간 사람은 지나간 사람이고 현재 내가 관리하는 사람들의 재범을 방지하기 위해 나는 또 현장에서 그들을 지켜보고 그들을 쫓는다.

07

의외로 치밀한 계획이 있다

전직 복서이자 영화배우 마이크 타이슨이 남긴 명언이 있다. "누구나 그럴싸한 계획을 갖고 있다. 나에게 얻어맞기 전까지는" 다소 직설적인 이 명언은 마이크 타이슨의 실제 인터뷰 내용이다. 그의 강력한 한마디는 지금까지 대중들 사이에서 쓰이고 있다. 현재는 은퇴했지만, 마이크 타이슨은 한때 58전 50승 6패 2무효로 44 KO 승을 이끈 전설적인 복서다. 그의 명언은 내가 현장에서 대상자의 시선을 고정하는 데 큰 힘이 된다. 단 범죄예방을 위한 나만의 각오라 생각해 두자!

성범죄자들도 치밀한 계획을 가지고 있다. 그들은 성범죄를 저지르기 위해 수단과 방법을 가리지 않는다. 전자발찌를 부착하고 지도감독을 받고 있는 시점에 다음 범행을 계획하는 이들도 있다.

그들은 범행을 저지르기 위해서 어떤 치밀한 계획을 세웠을까? 보호관찰 담당자와 무도실무관이 동행하여 대상자 면담을 할 때, 그들은 종종 불분명하게 대답한다. 누구를 만나는지, 어디에 가는지 알고도 물어보는 경우도 있지만 대상자는 솔직히 답변하지 않고 말을 돌리곤 한다.

지도 감독에 있어서 대상자의 최근 이벤트는 중요하다. 최근 만나는 새로운 인물, 이동 경로, 움직임, 심경의 변화 등은 재범으로 이어질 수 있기 때문에 면밀하게 살펴야 한다. 그래야 재범을 막을 수 있기 때문이다.

대부분 성범죄자가 범죄를 저지르면 우발적 범행이라고 생각하는 사람이 많지만 그들도 나름 치밀한 계획을 가지고 있다. 2016년 한국일보에 따르면 계획적 성범죄 67.7%, 우발적 범죄 32.3%의 범죄분석 통계를 나타내고 있다.

대상자들과 면담을 하다 보면 일부 대상자는 보호관찰 담당자와 무도실무관 앞에서 본색을 드러내지 않는다. 최대한 정상적이고 바른 모습을 갖추려 노력한다. 하지만 경력이 있는 현장 근무자들은 그들의 가면에 절대 속지 않는다. 그런 대상자는 오히려 꿍꿍이를 가지고 있기 때문이다.

그 꿍꿍이를 들여다보면 그들의 숨겨진 범행 계획이 있을 것이다. 또 다른 범행을 저지르고자 치밀한 준비를 하고 있다고 본다.

치밀한 계획이라는 것은 자신의 목적을 위한 은밀하고 긴밀한 계획을 말한다. 대부분 성범죄자는 우발적 범행을 저지른다고 생각하지만 계획적인 범행이 많다. 예를 들어, 한 여성을 강간하기로 목적을 두었다면 그 여성이 주거지 귀가 여부를 확인한다. 그리고 혼자 사는지, 침입하기 용이한 진입로와 범행을 저지른 후 도망갈 수 있는 퇴로를 확인해 둔다. 또 준비된 위협용 흉기와 소리 방지용 테이프 등을 준비하며 바로 실행하지 않고 그 주위를 맴돌다가 안전한 기회가 되었을 때 범행을 착수한다. 이렇게 보면 무슨 대단한 침투작전처럼 보이지만 결국은 범죄 행위를 저지르기 위한 치밀한 계획이다.

두 번째는 목적을 이루기 대상을 물색하고 친한 관계를 맺기를 시도한다. 이런 범행은 그루밍 성범죄, 가스라이팅 같은 범죄를 말한다. 성범죄 목적을 위해 친해지기에 이 사람들이 쓰는 큰 무기는 '거짓말'이다.

〈허풍선이 남작의 모험〉이라는 소설이 있다. 뮌히 하우젠 남작(Hieronymus carl friedrich freiherr von munchhausen, 1720~1797)이

라는 실존 인물을 다뤘는데, 내용은 제목이 말하듯 실화와 허풍이 뒤섞여 있다. 그가 젊은 시절, 러시아, 오스만 튀르크, 아시아를 다니면서 전쟁을 하고 사냥을 했다는 대단한 허풍으로 이야기를 풀어낸다. 허풍선이 남작은 실제 있었던 일은 아니지만 부풀려 이야기하여 사람들이 실제로 믿게끔 하는 말솜씨를 부렸다고 한다. 수많은 거짓말 중 일부를 소개하자면, 전쟁 중에 아군의 대포로 쏜 포탄을 타고 날아가서 전직을 정찰한 다음, 다시 적군이 쏜 포탄으로 갈아타고 돌아왔다는 내용이다. 이렇듯 기막히고 황당한 허풍임에도, 그걸 사실이라고 믿고 몰려온 사람들 때문에 곤욕을 치렀다는 이야기이다.

결은 조금 다르겠지만, 소설 속 허풍선이 남작처럼 성범죄자들도 거짓말에 능통하며 뻔뻔하고 대범하다. 그들도 치밀한 계획을 하고 목적을 이루기 위해 수단과 방법을 가리지 않는다. 저런 범죄자에게 범행을 당하지 않으려면 경계를 늦추지 않아야 한다. 특히 이상할 정도로 언변 좋은 사람은 경계하는 편이 낫다. 치밀한 범죄를 예방하는 방법은 뒷장에서 상황별로 제시하였다.

08

의외로 약점이 있다

"내가 왕년에 좀 잘 나갔지"라는 말을 흔히 들어 보았을 것이다. 왕년은 국어사전상 지나간 해를 의미한다. 또 "왕년에 힘깨나 썼지"라는 말은 "내가 예전에 싸움 좀 했지"라는 말과 같다. 젊었을 때 돌이라도 씹어 먹을 수 있을 것 같던 패기도 세월 앞에서는 장사가 없다.

현재 관리 받고 있는 전자발찌 부착 성범죄자들도 마찬가지다. 그들의 과거는 정말 화려할 만큼 전과로 가득하다. 재범 위험성이 크다고 판단하는 기준 중 하나가 과거 전력이다. 성범죄를 몇 번이나 저지른 사람, 그 외에 폭력, 절도, 교통법규 위반 등 다수의 범죄 전력을 가진 몇몇의 기록을 보면 자신의 이력을 자랑이라도 하듯 빈틈없이 적혀있다. 그래서 한 명의 대상자가 전과 수십 번인 경우도 있다. 그런 사람들이 과거에 얼마나 많은 악행을 저질렀는지 전과에 다 기록되어 있다. 어떤 대상자는 전과를 훈장처럼 여긴다. 마치 자랑처럼 이야기하는 아주 생각이 짧은 사람이다. 그들은 "내가 왕년에 좀 잘나갔지", "왕년에 힘깨나 썼지"라는 말을 달고 산다. 오랫동안 지켜봤지만 그들 중 잘 지내는 사람은 못 봤다. 그들은 굉장히 즉흥적 삶을 살아간다. 계획은 없고 하루하루 어떻게든 먹고 버티는 삶이다. 술을 먹기 위해 돈을 벌고 또 탕진하고 월세도 몇 달 치를 밀리기 일쑤다. 정말 왕년에 잘나간 건지 의심이 된다. 이런 부류는 사회에 적응하는 데 꽤 시간이 걸린다.

그들은 과거에서 헤어 나오지 못하고 자신의 현실조차 인지하지 못한 채 돈을 유흥비로 탕진한다. 과거에 결혼했더라도 출소 후에는 보살펴 줄 가족이 없는 사람도 많다. 사회에 잘 적응하는 대상자들은 가족의 지원이 있었다. 복역 기간 동안 사회에서 단절되다 보니 나와서 바로 일하거나 집을 구하기는 쉽지 않다. 가족의 지원에 힘입은 대상자들은 비교적 안정적으로 사회에 정착한다. 하지만 몇몇은 가족의 지원이 있어도 감사할 줄 모르고 다시 사고를 친다. 간혹 가족 지원이 없이도 열심히 생활하면서 미래를 준비하는 사람들도 있다. 사람마다 다르지만 훈장처럼 여기는 전과는 결국 낙인이 되고 그들도 시간이 지나면 늙는다. 기질이 엄청 강한 사람도 세월이 흐르면 기운이 빠지기 마련이다.

대상자를 관리하다 보면 이들도 약점은 있다. 그들은 노출을 꺼려한다. 그들도 알고 있다. 사회적으로 성범죄자가 맹비난을 받고 있다는 사실을 말이다. 뉴스에서 성범죄 사건·사고와 전자발찌 관련 내용을 보도하면 그들은 생각보다 움츠린다. 전자발찌를 착용하던 대상자에게 사건 이야기를 해주면 "나도 기사를 봤어요, 잘 사는 사람들까지 욕을 먹이냐"라며 흥분하는 대상자도 있다. 그만큼 그들도 전자발찌가 노출이 될까 두려워하고 있다. 가장 두려워하는 부분이 사람들에게 전자발찌 부착 사실을 들키는 것과 시선이라고 한다. 그리고 그들은 굉장한 심리적 압박을 받는다고 한다. 어쩌면 전자발찌의 가장 강력한 효과는 심리적 압박감일 것이다. 사회적으로 맹비난을 받고 싶어 하는 사람은 없다. 그래서 성범죄자들은 신상정보 공개제도를 두려워한다. 신상정보 공개제도는 아동·청소년 대상 성폭력범죄를 저지른 사람이나 죄를 다시 범할 위험성이 있는 사람에 대해 신상정보를 일정 기간 동안 정보통신망을 이용해 공개 및 고지하는 제도를 말한다. 그들은 자신의 범죄 사실이 노출되는 것을 꺼리기 때문에 이러한 제도를 무서워한다.

하지만 이러한 제도가 있어도 재범을 계획하거나 전자발찌 관리에 불만을 표하고 자기 멋대로 사는 사람은 많다. 그들도 나중에는 후회할 것이다. 과거는 화려했으나 미래는 처량할 테니 말이다.

PART 3

흔한 성범죄, 이렇게 대처하라

01

원룸에 사는 자취생이라면

당신이 원룸에 사는 자취생이라면 늘 주변을 경계해야 한다. 누군가 당신을 노리고 있을지 모른다. 성범죄자는 늘 원룸가를 배회하며, 혼자 사는 여성이 없는지, 퇴근 시간이 늦는 여성은 없는지를 물색한다.

상상해보자. 당신이 편안하게 잠을 자는 사이, 미처 잠그지 못한 창문으로 누군가 침입한다면? 그를 당해낼 수 있을까? 자는데 누가 엿보고 있었다거나, 목욕을 하는데 사진 찍는 소리가 들렸다는 경험담도 심심치 않게 들을 수 있다. 괜히 경각심을 주기 위해 꾸민 이야기가 아니라, 정말로 이런 신고 사례가 많다. 원룸가에서 자취생을 대상으로 하는 범죄가 어제오늘 일은 아니다. 예전부터 흔했다. 그런데도 근절되지 않는 이유는 무엇일까?

원룸가 성범죄 중 가장 유명한 사건은 수원의 '발바리 사건'일 것이다. 그는 가스 배관만 있으면 스파이더맨처럼 벽을 타고 올라가 창문을 땄다. 고층이라도 상관없었다.

어떤 성범죄자는 작은 화장실 창틈으로 침입하기도 한다. 원룸 대부분의 화장실이 복도나 건물 밖으로 창문이 나 있기 때문이다. '설마 저 작은 창문으로 들어오겠어?' 하고 창문을 열어놓는 경우가 왕왕 있는데, 체구가 작고 마른 사람은 충분히 들어온다.

항상 불이 켜져 있는 2층을 노리는 성범죄자도 있다. 건물 밖에서 담배를 피우며 지켜보다가, 불이 꺼지는 순간 가스 배관을 타고 열린 창문으로 침입한다.

방범창을 단 집은 "우리 집은 괜찮아."라고 말한다. 그러나 방범창도 안전하지 않다. 성인 남성이 힘을 주면 쉽게 뜯어지고 휘기 때문이다. 성범죄자들은 대부분 그 사실을 알고 있고, 뜯어지지 않으면 대담하게 장비로 잘라버리기도 한다. 이렇게 원룸에 사는 자취생을 노리는 성범죄자들은 치밀하고 계획적이다.

성범죄자 D 씨는 술에 취한 여성을 발견하고는 조용히 따라붙었다. 그러나 간발에 차이로 여성을 문 앞에서 놓쳤고, 그는 얼른 밖으로 나와 건물 외벽을 응시했다. 곧 2층의 한 창문에 불이 켜지는 걸 확인했다. 그러고는 불이 꺼질 때까지 기다렸다가, 꺼지자마자 가스 배관을 타고 창문을 열어 들어갔다. 그렇게 싱크대에 있는 칼로 위협한 뒤, 돈을 갈취하고 강간했다.

성범죄자 B 씨는 주택가를 배회하며 문이 열린 곳이 없는지 탐색하고 있었다. 그러다 우연히 현관까지 활짝 열린 집을 발견했다. 창가로 다가가 여성이 혼자 있는 것을 확인하고는, 그대로 현관으로 침입해 여성의 목을 졸라 움직이지 못하게 한 뒤 강간을 시도했다.

원룸 자취생이나 주택가에 혼자 사는 여성들에게는 너무 무서운 이야기이다. 그러나 주거 침입 범죄를 예방하는 건 사소한 습관에서 비롯된다. 다음 솔루션을 보자.

solution 1 문단속은 기본이다

성범죄자 대부분이 그냥 문이 열려 있는 집을 노린다. 너무 쉽기 때문이다. 그러므로 현관문과 창문만 잘 닫아도 성범죄자의 주거 침입을 막을 수 있다. 고층에 사는 자취생이라 할지라도 문단속을 게을리하지 말자. 주거 침입 성범죄자는 신체적 능력이 탁월한 사람이 많아 가스 배관이나, 손가락을 넣을 수 있는 틈만 있으면 쉽게 올라온다.

한여름 복도식 아파트도 조심해야 한다. 안전 불감증 때문일까? 덥다고 문을 활짝 열어두고 지내는 가정이 많은데, 매우 위험하다. 문을 잠그는 것도 습관이다. 집을 나가고 들어올 때, 잠을 잘 때는 꼭 문을 잠그고, 잘 잠겼는지 확인하라.

solution 2 잠금장치를 정비하라

성범죄자 가운데 잠긴 문을 억지로 따서 침입하는 경우는 드물다. 그러나 방심할 수는 없다. 수시로 잠금장치를 확인하고 정비하자. 비밀번호 버튼이 닳거나, 지문이 묻어 있지는 않은지, 힘을 줘 당기면 열려버리는지 말이다. 그리고 방범창도 정비하자. 실제로 절도범들은 1분 안에 창살을 떼어버릴 수 있다.

요즘에는 2중 잠금장치나 지문인식 잠금장치도 있으며, 밖에서는 열 수 없는 창문용 잠금장치도 있다. 잠금장치에 조금만 신경 쓰면 범죄자의 침입을 막을 수 있다.

solution 3 의심하라

안전을 위한 작은 습관이 나를 보호한다. 비밀번호 잠금장치를 사용한다면 비밀번호를 수시로 바꾸자. 창문이 잘 닫히고 열리는지 확인하고, 호신용품을 마련하자. 그리고 귀가 후 물건이 제자리에 있는지, 누군가 침입한 흔적은 없는지 확인해보는 것도 방법이다. '정말 이렇게까지 해야 하나?'라고 생각할 수 있지만, 그래야 한다. 기민하게 행동할수록 안전해진다.

집은 편안하게 쉬고, 재충전할 당신의 소중한 공간이다. 당신의 안락한 주거지를 누구도 넘보지 못하게 하라. 예방만이 길이다.

02

밤길을 혼자 걸어야 한다면

최근 성범죄의 심각성을 느끼게 한 CCTV 영상이 있다. 홀로 귀가하는 여성을 뒤따라와 집 안까지 침입하려다 미수에 그친 '신림동 사건' 영상이다. 영상 속 남성은 간발의 차로 여성을 놓치고는 문고리를 잡아당기기도 하고, 주변을 맴돌며 말을 걸기까지 했다.

늦은 밤, 거리를 배회하며 홀로 다니는 여성을 노리는 그들은 어떻게 성범죄를 저지를까?

일단, 이들은 주변 환경에 정통해, 어두운 골목이나 CCTV가 없는 외진 곳, 인적이 드물어 타인에게 도움을 청하기 어려운 곳,

우범 지역, 주차장 등을 범행 장소로 택한다. 범죄 현장을 들킬 염려가 없고, 피해자가 타인에게 도움을 청하기 힘들며, 증거가 남지 않기 때문이다.

그리고 힘이 없어 보이는 여성, 이어폰을 끼거나 스마트폰에 집중해 주변을 경계하지 않는 여성, 술에 취해 몸을 가누지 못하는 여성, 강제로 옷을 벗기기에 용이한 차림새의 여성을 범행 대상으로 삼았다. 물론, 극단적으로 욕정을 주체할 수 없는 성범죄자들은 상대를 가리지 않기도 했다.

범행 대상을 정한 뒤에는 끈질기게 여성을 쫓은 다음, 흉기로 위협해 공포심을 준 뒤 외진 곳으로 끌고 가 겁탈하는 방법을 썼다. 조금이라도 반항하면 정말로 죽일 듯이 폭력을 행사하거나 겁을 주었다.

그리고 절대 방심하지 말아야 할 곳은 '집 앞'이다. 쫓아와서 외진 곳으로 끌고 가 범행하는 사람도 있지만, 집 앞에서 기다렸다가 집 안으로 끌고 들어가 범행하는 사람도 있다.

자정 무렵, 귀가 중이던 A 씨는 우연히 술에 취해 혼자 걸어가는 여성을 보았다. 계획한 건 아니었지만, 갑자기 욕정이 생겨 여성을 성폭행하기로 마음먹었다. A 씨는 천천히 여성을 따라가며 주변을 살폈다. 주변에 인적이 드문 공원이 있다는 걸 알게 된 A씨는 뒤에서 여성의 목을 조르며, "소리 지르면 죽여버리겠다."라고 협박했다. 여성은 목을 조르는 A씨의 힘에 압도당해 반항할 수 없었고, 그대로 공원으로 끌려갔다. 장소가 바뀌자 여성은 탈출을 시도했고, 이에 격분한 A씨는 여성의 머리를 주먹으로 여러 차례 구타한 뒤, 강간했다.

여성인 H씨가 야근 후 퇴근하는 길이었다. 그러나 H씨가 사는 곳은 조명도 밝고, CCTV가 있는 길이어서 무섭지 않았다. 그렇게 집 앞까지 와 현관 비밀번호를 누르려는데, 누군가 갑자기 손으로 입을 막으며 "조용히 해. 나는 언제든지 너를 죽일 수 있다."라고 말했다. H씨는 공포감에 남성의 손을 뗄 수 없었고, 그대로 주차장으로 끌려가 성폭행당했다. 도망가려고 할 때마다 구타를 당해 속수무책이었다.

여고생 C양이 야간 자율 학습을 마치고 귀가하고 있었다. 늦은 밤이었지만, 매일 걷는 길이라 무섭지 않았다. C양은 습관대로 귀에는 이어폰을 끼고, 스마트폰을 하며 길을 걸었다. 그런데 순간, 누군가 어깨에 손을 올렸다. C양은 인기척도 느끼지 못했던 터라 너무 놀라 그대로 얼어버렸다. 하지만 뒤를 돌아보고는 안도의 숨을 내쉬었다. 딸이 걱정되어 마중 나온 아버지였기 때문이다.

C양의 경우는 천만다행이지만, 주변을 경계하지 않고 밤길을 걷는 일은 무척 위험하다. 밤길을 홀로 걷는 여성이라는 것 자체가 범행 대상이 될 수 있다. 슬프지만 대한민국의 현실이다. 당신을 지켜줄 사람이 없으면 스스로 지켜야 한다. 다음 솔루션을 당신의 귀갓길에 적용해보자.

solution 1 스마트기기가 당신을 위협한다

스마트기기 덕분에 우리는 무척 편리한 삶을 살고 있다. 원하는 정보를 빠르게 얻고, 무료한 시간에는 오락도 할 수 있다. 그러나 밤길에는 자제하길 바란다. 이어폰을 꽂고 다니는 것도 위험천만한 일이다. 아무런 기척도 느낄 수 없기 때문이다. 무섭다고 친구랑 전화하면서 걷는 것도 위험하다. 귀갓길에는 주변을 경계하며 신속히 이동하는 것이 좋다.

solution 2 당신의 경로를 파악하라

당신이 다니는 길에 CCTV가 몇 대나 설치되어 있는지 아는가? 한 번쯤은 당신의 경로를 파악해 어디에 CCTV가 설치되어 있고, 어디에 가로등이 밝고, 사람이 많은지를 알아두자. CCTV가 당신의 안전을 책임지는 만능 시스템은 아니지만, 당신을 지켜보는 눈이 되어 줄 수는 있다. 응급 상황에 누르면 관할 시청 요원과 연락할 수 있는 벨이 부착된 곳도 있다. 당신이 평소 잘 다니는 길의 안전장치에 대해 숙지해두고, 사람이 많고 밝은 대로변으로 다니는 게 좋다.

solution 3 **최악의 상황에 대비하라**

당신은 최악의 상황을 항상 대비해둬야 한다. 시뮬레이션해 놔야, 누군가에게 위협당했을 때 현명하게 대처할 수 있다. 일단 성범죄자를 만났다면 더 큰 공포심에 휘말리기 전에 소리를 치고, 사람이 많은 공간으로 대피하자. 초기 대응이 중요하다. 도와줄 사람이 없을 때를 대비해서는 호신용품을 소지하자. 휴대용 가스 스프레이, 허가받은 전기 충격기 등은 휴대하기 좋다.

정부에서 지원하는 여성 안심 서비스를 이용하거나, 성범죄자 알림e 앱으로 미리 주변의 성범죄자들을 파악해두는 것도 방법이다.

03

낯선 사람이 도움을 요청한다면

어렸을 때 이런 말을 들어보았을 것이다. "낯선 사람 조심해라. 낯선 사람 따라가지 말아라." 어쩌면 귀가 따갑게 들었을 수도 있다. 그만큼 예전에도 세상은 흉흉했다. 예나 지금이나 여성들이 마음껏 다니기 힘든 세상인 것이다. 그런데 만약 누군가 급하게 다가와 당신에게 도움을 청한다면? 아무리 각박한 세상이지만 당연히 도와주어야 하지 않는가?

그러나 명심하자. 요즘에는 함부로 도왔다가 오히려 당신이 도움을 청해야 할 일이 생길 수도 있다. 당신을 노리는 성범죄자는 계획적이고 치밀하며, 무자비하다. 그들은 언제든 당신의 선한 마음을 이용할 수 있다.

도움을 청하는 방식으로 접근하는 성범죄자들은 수법도 다양하고, 대범하다. 그들은 성인, 청소년, 아동 가리지 않고 계획적으로 접근한다. 성인은 그래도 낯선 사람을 거부하지만, 아동이나 청소년은 그렇지 않다. 처음에는 낯선 사람을 경계하다가도 도움을 청하면 마음의 문을 연다. 할아버지가 다가와 "저기 할머니가 넘어지셨는데 도와주겠니?"라고 하면 뒤도 돌아보지 않고 할아버지를 따라가는 것이다. 급박한 상황을 연출하면 상황 판단이 미숙한 아동이나 청소년은 깜빡 속는다.

아동은 부모님과 아는 사이라고 하거나, 같은 아파트에 산다고 하거나, 선물을 주면 쉽게 따라나섰고, 성인은 교통사고, 화재, 사람이 다쳤다고 하면 쉽게 따라나섰다. 그리고 아동은 단지 내 놀이터, 학교 운동장, 공원이나 공터에 혼자 있다가 유인당하는 경우가 많았고, 성인은 원룸가, 빈집, 주차장 근처의 길가에서 유인당하는 경우가 많았다.

성범죄자 A씨가 길을 걷다가 놀이터에서 혼자 놀고 있는 B양을 보았다. A씨는 B양에게 접근해 "얘야, 아저씨가 여기 아파트로 이사한 지 얼마 되지 않아서 그러는데 혹시 마트가 어디에 있는지 아니?" 하고 물었다. B양은 살짝 경계했지만, 도움을 청하는 아저씨를 외면하기가 힘들어, "저기 모퉁이를 지나면 있어요."라고 대답했다. 그러자 A씨는 "그래? 아저씨가 그래도 잘 모르겠네. 마트까지 데려다

주면 아저씨가 맛있는 거 사줄게."라며 친근하게 말했다. 그러고는 B양을 차에 태워 인적이 드문 곳에서 강간했다.

H씨는 도움을 청하는 수법으로 여성을 강간하고자 했다. 그래서 혼자 길을 걷던 여성에게 다가가 "도와주세요! 저기 사람이 쓰러졌어요. 부축하려는데 도움이 필요해요."라며 인적이 드문 곳으로 이끌었다. 여성은 다급한 나머지 의심 없이 따라갔다가 공터가 나오자 멈칫했다. 그러나 H씨는 이미 돌변한 뒤였다. 주머니에서 흉기를 꺼내 여성을 협박하며 범행했고, 흉기 때문에 여성은 소리 한 번 지르지 못했다.

이렇게 사람의 선한 마음을 이용하는 성범죄는 어떻게 예방할 수 있을까? 사실 직접 보지 않고는 정말 도움이 필요한 상황인지 아닌지 알 길이 없다. 그렇다면 다음 솔루션을 살펴보자.

solution 1 어른에 대한 의무는 없다

아이들은 어른의 부탁을 난감해한다. 그래도 착한 마음에 거절하지 않으며, 급해보이거나 부모님과 관련한 일이라고 하면 놀라서 따라나서기도 한다. 평소 의심이 많은 아이도, 도움이 필요하다고 하면 즉흥적으로 따라나선다.

그러나 확실히 알려주자. 아이가 어른에게 해줄 수 있는 일은 없다는 것, 어른은 길을 모른다고 아이에게 같이 가달라고 하지 않는다는 것을 말이다. 특히 "같이 가면 선물을 줄게." 같은 대가성 발언은 매우 위험하다고 알려주자.

누군가 길을 물어본다면 손가락으로 가리키는 정도는 괜찮지만 절대 따라가서는 안 된다고 말해라. 부모님과 연관된 일로 낯선 사람이 다가온다면 무조건 전화를 걸게 해라. 부모님과 연락이 되지 않을 것을 대비해 연락책을 만들어두는 것도 중요하다.

solution 2 **신고만 해줘도 충분하다**

의외로 성인도 잘 속는다. 누군가 나타나 쓰러진 사람이 있다고 하면 성인도 급한 마음에 따라나서는 것이다. 대부분 연출이므로, 신고할 시간조차 주지 않는다. 만약, 따라갔는데 도움이 필요한 사람이 보이지 않는다면 당신은 즉시 멈추고 그 자리를 벗어나야 한다.

그리고 인적이 드문 곳에서 당신에게 도움을 청한다면 바로 휴대폰을 들어 신고해주자. 정말로 도움이 필요해 보이고, 위급해 보인다면 주변에 사람들을 불러 모아 함께 움직이는 것도 좋다. 도움에는 하나보다 둘이 낫다.

사람의 선한 마음을 이용하는 성범죄자들은 순수한 아동을 많이 노린다. 아이와 함께 '누가 쓰러졌다거나, 엄마가 부른다거나, 아빠가 다쳤다거나' 하는 상황을 연출해 시뮬레이션해보는 것도 방법이다. 다양한 상황을 만들어 놀이처럼 즐기자. 말로만 하는 게 아니라 연극처럼 직접 해보아야 진짜 위험에 처했을 때 현명하게 대처할 수 있다. 지능적인 성범죄자들이 언제 당신을, 당신의 아이를 노릴지 모른다.

04

강아지를 안은 남자가 말을 건다면

길을 걷다 보면 사람의 마음을 녹아내리게 하는 게 있다. 바로 반려동물이다. 특히 강아지는 많은 사람이 좋아하고, 친숙하게 생각하는 동물이다. 성인도 이러한데, 아이의 눈에는 강아지가 얼마나 귀엽고, 쓰다듬어 보고 싶을까. 그러나 당신이 조심해야 할 것은 강아지가 아니라 견주, 즉 강아지를 안고 있는 남자이다.

사실 강아지를 이용한 성범죄는 고전에 속한다. 수많은 유괴범이 아동을 유인할 때 쓰는 방법이었으며, 지금도 잘 통하는 방법이다. 요즘처럼 반려동물과 함께하는 삶이 보편적인 세상에서는 더 그렇다.

게다가 동물을 키우는 사람은 좋은 사람이라는 인식 때문일까? 아이뿐 아니라 어른도 강아지를 데리고 있는 사람에게는 경계심을 푼다. 그래서 강아지를 안은 남자가 "저희 강아지하고 같이 조금만 시간 보내실래요?" 하고 물으면 "정말 그래도 돼요?" 라고 되묻는 경우도 있다. 그만큼 강아지는 당신에게 접근할 수 있는 용이한 도구가 된다.

강아지를 이용한 성범죄자들은 강아지에게 먼저 관심을 보이는 사람을 범행 대상으로 삼았다. 성인이라면 강아지에 푹 빠진 모습을 보였을 때, "강아지 좋아하시나 봐요?" 하고 말을 걸고, 자연스럽게 술자리까지 만들어 범행했고, 아동에게는 "공터에 가서 같이 잠깐 놀래?" 하고 유인해 범행했다.

A 씨는 최근 강아지를 입양했다. 그래서 매일 공원에 나가 강아지를 산책 시키는데, 많은 사람이 강아지에게 관심을 보이는 게 아닌가. A 씨는 자기도 모르게 다시 흑심을 품게 되었다. 그러던 어느 날, A 씨는 놀이터에서 노는 B 양을 보고는, 일부러 강아지를 데리고 주변을 맴돌았다. 아니나 다를까, B 양은 "아저씨, 강아지 만져 봐도 돼요?" 하고 물었고, A 씨는 "강아지 좋아하는구나? 그러면 저기 공원에 가서 같이 놀래?" 하고 유인했다. 그렇게 인적이 드문 공터에 다다르자 A 씨는 B 양에게 강아지를 만지라고 하고는, 성폭행을 시도했다.

J 씨와 K 씨는 친구이다. 둘은 강아지를 데리고 다니면 여성들이 경계심을 푼다는

사실을 알고, 강아지로 여성을 유인하기로 공모했다. J씨가 강아지를 데리고 나가자, 한 여성이 접근했고 "강아지 좋아하시나 봐요? 귀엽죠?"라고 말을 건 뒤, 근처에서 식사까지 하기로 했다. 여성도 J씨가 싫지 않아 흔쾌히 받아들인 자리였다. 그러나 J씨는 준비한 수면제를 음료수에 타서 여성에게 먹였고, 여성이 쓰러지자 차에 태워 야산으로 올라가 K씨와 함께 강간했다.

고전적인 방법인데도 근절되지 않는, 강아지를 이용한 성범죄를 끊어낼 방법은 없을까? 사실 예전과 달리, 강아지를 키우는 사람은 강아지를 가족으로 생각하지, 소유물로 여기지 않는다. 그래서 강아지를 가족처럼 생각해 함부로 만지게 하지 않는다. 즉, 반려동물에 대한 매너를 갖추고, 낯선 사람에 대한 경계심을 갖는 것만으로도 예방이 가능하다. 다음 솔루션을 살펴보자.

solution 1 강아지를 함부로 만지지 않는다

아이들은 누군가가 강아지를 내밀며 "만져 볼래?" 하고 말하면 호기심에 만져본다. 도망가는 아이도 있지만, 적극적으로 만져보는 아이도 있다. 그러나 자녀에게 낯선 사람의 물건이나 반려동물을 만지는 건 예의가 아니라고 가르치자.

부모도 길에서 강아지를 보고 "아휴, 예쁘네." 하며 함부로 만지고 관심 두는 일을 삼가자. 평소 부모의 모습을 보고 아이도 똑같이 행동하기 때문이다. 타인의 반려동물을 함부로 만지지 않고, 강아지를 이용해 환심을 사려는 행동을 한다면 특별히 경계하도록 가르치자.

solution 2 반려동물의 주인을 조심하라

성범죄자들은 아동이나 여성들의 강아지에 대한 시선을 눈여겨본다. 그러고는 강아지를 이용해 말을 걸고, 친밀하게 군다. 그러나 조심하자. 친해진 뒤, 술자리를 만들어 성폭행을 꾸미기도 하고, 그 자리에서 약물이 든 음료를 먹여 정신을 잃게 만들기도 한다. 그리고 강아지를 이용해 외진 곳으로 유인하기도 한다. 다시 한번 말하지만, 그들은 어떻게든 여성에게 다가가고 싶어 하며 수단과 방법을 가리지 않는다. 강아지는 그들의 좋은 미끼이다.

강아지는 귀엽고 사랑스럽다. 나도 〈동물 농장〉 같은 프로그램을 좋아하는 평범한 사람이라 그 마음을 잘 안다. 하지만 강아지를 키우는 사람은 인성이 좋다는 생각을 버리자. 그리고 주변에 혼자 있는 아이가 타인의 강아지를 만지고 논다면 눈여겨보자. 모든 어른은 아이를 지켜줄 의무가 있다.

05

술 냄새 나는 남자가 근처에 있다면

대한민국은 술 빼놓고 사건·사고를 이야기하기 힘든 나라이다. 어떤 문제든지 술 때문이라고 한다. 술을 적당히만 마시면 무슨 문제이겠는가? 그러나 술이 술을 부르고, 술이 사건·사고를 부르는 게 문제이다. 술이 없는 나라였다면 평화로운 나라가 되었을까? 마셔도 취하지 않는 술이 있다면 범죄 없는 나라가 되었을까? 성경에도 쓰여 있다. "술에 취하지 말라."

술을 통제하지 못하는 사람은 실수를 반복한다. 그리고 끊지 못해 중독된다. 일반인도 술을 끊지 못해서 실수하는데, 성범죄자들은 어떨까? 실제로 성범죄자들의 삶을 들여다보면 술과 떼려야 뗄 수 없다. 내가 관리하는 대상자는 한번 술을 마시면 반드시 노래방까지 가야 했다. 평소 일도 잘하고, 면담할 때도 자상해서 사회에 잘 적응하는 듯 보였다가도 술만 마시면 포악해지고 객기를 부렸다. 게다가 성범죄자로서의 모습이 여실히 드러나기도 했다. 노래방 도우미를 희롱하고, 지나가는 여성을 추행했다. 즉, 평소에는 괜찮다가도 술을 마시면 다시 여성을 노려 범행을 저질렀다.

일반인도 술을 마시고 변하는 사람이 많은데, 전력이 있는 범죄자라면 말할 것도 없다. 술 냄새 나는 남자가 주변에 있다면 조심하라. 당신을 노리는 성범죄자일 수 있다.

대한민국의 술 문제는 간단하지가 않다. 술을 마신 사람은 성범죄뿐 아니라 음주운전, 가정폭력, 기물파손, 살인 등 다양한 범죄를 일으킨다. 술에 취해 성범죄를 저지르는 것도 문제지만, 술을 범행 도구로 사용하는 것도 문제다. 여성에게 술을 과하게 먹이기도 하고, 약물을 타서 먹이기도 한다. 그리고 슬프게도, 음주로 인한 성폭력은 미성년자에게도 많이 일어난다. 중고등학생에서 초등학생으로 연령이 낮아지는 추세이기도 하다.

또한 성범죄자와 함께 술을 마시지 않아도 당할 수 있다. 당신이 취해서 비틀거리며 걷거나, 남녀 공용 화장실을 이용할 때 말이다. 음주에 의한 성범죄는 너무도 광범위하다.

그리고 당신이 술을 많이 마시는 사람이라면 어느 정도 통제할 필요가 있다. 몇 해 전에도 한 연예인이 본인의 자택에서 여성 제작진들에게 술을 먹여 감금 성폭행한 사건도 있지 않았는가. 남의 일이 아니다.

A씨와 B씨는 직장 동료로 최근 잦은 야근으로 부쩍 친해졌다. 그러다가 A씨는 B씨에게 강한 욕정을 느꼈고, 기회를 보기로 했다. 그러다 밤늦게까지 야근한 날, A씨는 B씨에게 소주나 한잔하고 들어가자고 제안했고, B씨는 조금 피곤했지만, 흔쾌히 수락했다. 그렇게 둘은 밤늦게 술자리를 가졌다. 그리고 B씨가 화장실 간 사이, A씨는 B씨의 소주잔에 졸피뎀을 넣었다. 자신의 술에 약물이 들어 있다는 사실을 전혀 몰랐던 B씨는 마지막 잔이라고 생각해 털어 마시고는 정신을 잃었다.

대학로 근처 술집에서 친구들과 음주를 즐기던 C씨는 갑자기 욕정이 생겼다. 그래서 아무나 강간하기로 마음먹고는 남녀 공용 화장실 계단 아래에 숨어들었다. 그러기를 몇 분, 마침 한 여성이 혼자 화장실에 들어갔고, C씨는 곧바로 따라 들어가 문을 잠그고 범행했다. 여성이 고함칠 것이 두려워 얼굴을 구타해 항거 불능케 한 후였다.

음주로 인한 성범죄자는 두 가지 행태를 보인다. 본인이 음주 후 성욕이 올라 범행하거나, 상대방에게 술을 먹여 범행한다. 물론, 어떤 것도 정당화할 수 없다. 위의 사건을 토대로 솔루션을 제시하겠다.

solution 1 남녀 공용 화장실 사용법

되도록 여성 단독 화장실을 쓰는 게 좋지만 그러지 못할 때는 동행을 만들자. 성범죄자들은 혼자 있는 여성을 노리므로 두 명 이상이 있으면 건드리지 않는다. 돌발 상황이 많기 때문이다.

또한 공용 화장실을 노리는 성범죄자는 여성을 따라 들어가기도 하지만, 내부에 숨어 있기도 하다. 들어가기 전에 누가 숨어 있지는 않은지 확인하는 게 좋다. 청소용품을 넣어두는 칸이나 외진 칸막이가 있는 곳을 확인하자. 여성이 건장한 남성을 힘으로 이기는 건 힘들다. 늘 경계해야 한다.

solution 2 남성과 일대일로 마시지 말자

사실 술을 안 마시는 게 제일 좋다. 그러나 어렵다면 남성과 일대일로 마시지 않기를 권한다. 현실성이 떨어지는 이야기일 수 있지만, 본인만의 기준을 확실히 정하는 게 좋다.

친구여서 일대일로 술을 마시게 된다면 적당히 마시고 마무리하자. 호감이 있는 사이여도 술을 마시며 이야기하기보다 정상적인 상태에서 교감하는 게 더 좋지 않을까? 직장 상사나 동료라도 일 이야기는 공적인 자리에서 하는 게 옳다. 친목을 위한 술자리라면 둘 이상은 함께하는 자리여야 안전하다.

06

빈집 근처를 지나야 한다면

밤에 빈집이나 공사장을 보면 왠지 으스스하고 을씨년스럽다. 주변에 이런 빈집이나 폐가, 공사장이 있다면 경계하자. 성범죄자는 이런 곳을 아무렇지 않게 다니는 여성을 노린다.

빈집이나 폐가는 우범 지역에 속해 지구대에서도 순찰 1순위인 곳이다. 성범죄뿐 아니라 각종 폭력, 마약과 같은 범죄율이 높기 때문이다. 하지만 많은 사람이 이 같은 사실을 모르거나, 알아도 경계심 없이 지나다닌다. 그도 그럴 것이, 외진 동네에 살거나, 나서 자란 동네에 빈집이 오래도록 방치되어 있으면 경계심이 무뎌지기 마련이다.

성범죄자들이 빈집 근처에서 여성을 노리는 이유는 간단하다. 인적이 드물어, 범죄를 저질러도 발각될 염려가 없고, 피해자가 누군가에게 도움을 청할 수도 없기 때문이다. 그래서 그들은 빈집에 숨어 있다가 무심코 근처를 지나는 여성을 납치 성폭행한다.

도심도 안심할 수는 없다. 특히 개발이 한창 진행 중인 동네나 원룸가는 언제나 성범죄자들의 무대가 되어왔다.

성범죄자 A씨는 늦은 시각, 혼자 으슥한 곳을 지나가는 여성을 상대로 범행하기로 마음먹었다. 그가 여성을 기다리는 곳은 재개발 지역이라 인적이 드문 모텔가였다. 때마침 한 여성이 혼자 지나고 있었고, A씨는 흉기를 이용해 협박, 빈 모텔로 끌고가 현금을 갈취하고 여성을 성폭행했다.

B양은 야간 자율 학습을 마치고 귀가하고 있었다. 그런데 공사장 근처에 이르자 한 남자가 목에 흉기를 대고 "소리지르면 죽여 버린다."라고 협박했다. B양은 반항 한 번 하지 못하고 그대로 공사장에 끌려가 성폭행당했다.

성범죄가 무서운 이유는 성범죄로 끝나는 게 아니라 폭행, 감금, 현금 갈취, 살인과 같은 또 다른 범죄로 이어지기 때문이다. 그리고 빈집이나 폐가, 공사장을 지나는 것만으로도 속수무책으로 당할 수 있다. 그렇다면 어떻게 예방할 수 있을까?

solution 1 멀어도 안전한 길로 다니자

사람의 발길이 닿지 않는 그 길이 당신의 집으로 가는 지름길일 수 있다. 당신은 지금껏 그 길로 다녔고, 아무 일도 일어나지 않았을 것이다. 그러나 범죄에 예고는 없다. 멀어도 안전한 길이 있다면 경로를 다시 짜보길 권한다. 사람이 많은 대로나 수시로 순찰차가 돌고, 지구대가 있는 길, CCTV가 설치된 길, 조명이 밝은 길로 다니자. 불이 켜진 상가가 몇 있는 것만으로도 성범죄자들은 범행을 꺼린다.

solution 2 그래도 지나야 한다면

물론 어쩔 수 없이 그 길로 지나야 할 수 있다. 그럴 때에는 가족에게 도움을 청하자. 마중해 줄 사람이 있으면 안전하다. 여자여도 둘이 있으면 낫고, 아버지나 남동생 등 남자가 함께하면 좋다. 마중해 줄 사람이 없다면, 귀가 시간에 변화를 주자. 늘 같은 시간에 귀가하면 범행 대상이 될 가능성이 높아진다.

solution 3 순찰 신문고를 이용하라

지구대에는 시민의 안전을 위해 순찰 희망 지역을 신청받는 제도가 있다. 지구대를 직접 방문하거나, 순찰 신문고 사이트를 이용하면 된다. 실제로 순찰차가 여러 번 도는 것만으로도 범죄율이 낮아진다.

국가의 안전 시스템이 탄탄한 게 가장 좋지만, 그래도 개인이 경각심을 갖는 게 필요하다. 의심하고 또 의심하자. 나 또한 모든 시민이 안전하고 행복하게 살길 바란다.

07

대중교통에서 치한을 만난다면

대부분의 성범죄자는 사람이 없는 곳을 범행 장소로 선택하지만, 그렇지 않은 성범죄자도 있다. 바로 자신의 성기를 타인에게 마찰해 쾌락을 얻는 '마찰 도착증' 환자들이다.

성도착증 환자들은 쾌락을 정상적인 행위가 아닌, 합의되지 않은 이상 행위를 통해 느끼려 하는 변태 성욕을 가지고 있다. 마찰 도착증 외에 노출증, 관음증, 물품 음란증 등이 여기에 해당한다. 이들은 범행 대상을 응시하며 환상과 상상력을 발휘해 반복적으로 변태 행위를 하며, 어떤 자극을 받아 돌변하면 자신을 제어하지 못할 정도로 충동적이다.

마찰 도착증 환자는 군중이 모인 곳을 좋아한다. 자신의 행위를 마음껏 펼칠 수 있기 때문이다. 특히 출퇴근 시간의 붐비는 대중교통은 그야말로 범행하기 최적의 장소가 된다.

마찰 도착증은 꼭 여성의 신체에 성기를 마찰하여 쾌락을 얻는 것은 아니다. 여성을 응시하며 어떤 물체에 성기를 비비거나, 도망가는 여성을 쫓으며 쾌락을 느끼기도 한다. 그러다가 돌발적인 상황으로 극도의 쾌락을 즐기지 못하면 위험한 행동을 보이기도 한다.

여고생 A양이 지하철 막차를 타고 귀가 중이었다. 막차라 사람이 별로 없었고, 그마저 정류장마다 한두 명씩 내리기 시작했다. A양은 잠깐 졸고 있었는데, 누군가 치마 속을 훑는 느낌이 들어 깜짝 놀라 깼다. 알고 보니 사람이 없는 틈을 타 다가온 B씨였다. 잠에서 깬 A양은 소리를 지르며 옆 칸으로 도망쳤고, 목적을 달성하지 못해 쫓아온 B씨를 시민들이 퇴치해주었다.

마찰 도착증 환자인 B씨는 범행을 위해 퇴근길 버스에 올랐다. 그러고는 사람들 사이를 비집고 들어가 혼자 서 있는 여성에게 성기를 비비기 시작했다. 깜짝 놀란 여성은 버스를 세워달라고 소리치고는 곧바로 내려버렸다. 그러나 B씨는 포기하지 않고 따라 내려 도망가는 여성을 응시한 채, 정류장 기둥에 성기를 비벼 자위행위를 이어나갔다.

자, 그러면 우리는 저런 고약한 변태 성범죄를 어떻게 예방할 수 있을까? 예방할 수 없다면 어떻게 상황을 모면하고, 해결할 수 있을까? 솔루션을 통해 방법을 강구해보자.

solution 1 사람이 많은 칸에 타라

마찰 도착증 환자가 아닌 이상, 대부분의 성범죄자는 사람이 없는 곳을 노린다. 당신의 옆자리가 비어 있거나, 주변에 사람이 없다면 슬쩍 다가와 성범죄를 저지를 것이다. 절도범이 사람의 시선이 닿지 않는 곳에서 물건을 훔치듯 말이다. 사람이 없는 곳에서 당하면 목격자를 찾기도 어렵고, 도움을 청하기도 힘들다. 대중교통을 이용할 때에는 사람이 많은 칸에 타는 게 좋다.

solution 2 사람이 너무 많다면

출퇴근 시간에는 사람이 많아 타인과 몸이 밀착될 수밖에 없다. 이럴 때는 가방으로 밀착되는 신체 부위를 막자. 그리고 누군가 당하는 장면을 목격했다면 사진을 찍어 증거를 남기고, 적극적으로 신고하며, 주변에 알리자. 요즘에는 문자로도 경찰에 신고할 수 있다.

solution 3 의도적으로 접근하는 사람을 의심하라

대중교통을 이용하려면 줄을 서야 한다. 이때 누군가 의도적으로 당신의 뒤에 다가선다면 조심하자. 실제로 성범죄자들은 줄을 설 때를 틈타 빠르게 따라붙고, 문이 열리면 몸을 밀착해 성범죄를 저지른다. 줄 설 때 항상 주변을 경계하고, 타인과 신체가 닿는 부분이 있다면 가방으로 막자.

이렇게 출퇴근 시간의 대중교통은 많은 변태 성욕자의 범행 장소이다. 사람이 많은 곳에서 불특정 다수를 노리기 때문에, 범행 사실을 적극적으로 주변에 알리고, 신고해야 잡을 수 있다. 그래서 많은 사람의 적극적인 관심과 제보가 필요하다.

08

노출증 환자는 위험한 존재

영화나 드라마에 보면, 바바리코트를 입은 남성이 여학생들 앞에서 갑자기 옷을 펼쳐 성기를 보여주는 장면이 나온다. 그러면 여학생들은 꺅 소리를 지르며 달아나거나, "에이, 별거 없네." 라고 말해 남성을 우울하게 만든다.

이들은 속칭 바바리맨이라 불리는 '음부 노출증' 환자이다. 여성이라면 학창 시절에 한 번쯤은 보았을 것이다. 이들이 영화나 드라마에 단골 엑스트라인 걸 보면 그만큼 흔하다는 말이다. 그러나 이들을 우스꽝스럽게 생각하면 큰코다칠 수 있다. 엄연한 성범죄자이며, 충동성이 잠재해 있는 성도착증 환자이다.

내가 만난 노출증 성범죄자들은 꼭 바바리코트를 걸친 건 아니지만, 갑자기 성기를 노출하고 흔들거나 자위하며 쾌락을 얻었다. 즉, 공연 음란으로 성적 쾌락을 얻었다.

간혹 신체적 가해를 하는 것도 아닌데, 성기를 꺼내 흔드는 것이 뭐가 위험하냐고 반문하는 사람도 있다. 워낙 흔하다 보니 이런 행위를 대수롭지 않게 생각하는 것이다. 그러나 목격한 사람의 입장은 다르다. 특히 아동이나 청소년은 정신적 충격을 심하게 받으며, 간혹 일상생활에 지장이 생기거나, 삶이 피폐해지는 경우도 있다. 아동의 경우, 남녀 구분 없이 충격을 받는다.

또한, 노출증 환자여도 꼭 사람이 많은 곳만 노리는 건 아니다. 인적이 드문 골목, 공터, 주차장 등에서 행하기도 하며, 교복 같은 특정 의복에 집착하기도 한다. 또한 중독성이 있어서 한번 범행하면 20~50%는 재범한다.

이들이 진짜로 위험한 이유는 극단적인 성적 욕망에 사로잡히면 여성을 쫓아가기 때문이다. 성기를 꺼냈을 때 여성이 도망가면 끝까지 쫓아가 환상을 즐기기도 하고, 간혹 성폭행으로 이어지기도 한다. 이들은 흔히 대중매체에서 희화화하는 인물과 다르다. 그냥 성범죄자이며 성도착증 환자일 뿐이다. 길거리에서 성기를 노출해 공연 음란죄로 구속된 유명인, 정치인도 있다. 노출증은 그만큼 자제하기 힘든 정신 장애이다.

회사원이던 A씨가 버스를 기다리고 있었다. 그런데 교복을 입은 여고생이 다가오자, 갑자기 성적 욕망이 일었다. 여고생의 교복 치마에서 눈을 떼기조차 어려웠다. 결국 A씨는 여고생 앞으로 다가가 갑자기 자위행위를 시작했다. 여고생은 깜짝 놀라 소리지르며 도망갔지만, A씨는 목적을 이루기 위해 포기하지 않고 쫓아갔다. 그러나 주변에 사람이 많아지는 바람에 골목으로 숨을 수밖에 없었다.

B씨는 늦은 시간 편의점에 갔다가, 으슥한 골목으로 들어서는 여성을 보았다. B씨는 순간적으로 충동이 일었고, 바로 여성을 뒤따라가 자위행위를 했다. 이를 본 여성이 깜짝 놀라 도망갔지만, 성적 쾌락을 채 느끼지 못한 B씨는 집 앞까지 여성을 쫓아갔다. 그러고는 여성의 집 앞에서 몇 분간 실랑이를 벌였고, 여성이 필사적으로 현관문을 닫는 바람에 B씨는 포기하고 돌아섰다.

어떤가? 위의 사례를 봐도 별 게 아닌가? 정신적 충격을 주고, 심할 경우 성폭행까지 이어질 수 있는 충동성을 가지고 있는 그들을 막을 방법은 무엇일까?

solution 1 사람이 많은 곳으로 대피하라

노출증 환자가 당신 앞에서 갑자기 성기를 꺼낸다면 당황하지 말고 사람이 많은 곳으로 가 신고하라. 드라마에서처럼 그들을 대놓고 조롱하고 비난하면 안 된다. 자극을 받아 폭력성을 드러낼 수 있다. 가장 좋은 방법은, 가능한 의연하게 사람이 많은 곳으로 피하는 것이다.

solution 2 **가족 중에 노출증 환자가 있다면**

주저 말고 치료받게 하자. 음부 노출증은 주로 남성에게, 그리고 청소년기에 발현하며, 한번 시작되면 지속하는 특징이 있다. 본인이 자제할 수 없는 정도가 되면 신경 쇠약에 걸리거나, 사회생활을 하지 못하기도 한다. '노출 행위로 성적 환상을 느끼고, 흥분하는 상태가 6개월 이상 지속'된다면 치료를 생각해야 한다. 심리 치료와 약물 치료를 받을 수 있다.

09

약속되지 않은 방문자를 의심하라

집에 혼자 있는데 누군가 문을 두드린다. 경찰서에서 나왔다고 한다. 당신은 '경찰서에서 무슨 일이지?'라는 생각으로 문을 열려고 할 것이다. 그러나 동작을 멈추고 절대 열지 마라. 사실 그는 경찰이 아니라, 당신이 집에 혼자 있는 걸 알고 찾아온 성범죄자일 수 있다. 즉, 집이라고 안전한 게 아니라는 뜻이다. 신원이 확인되지 않은 사람에게 문을 열어주는 건 위험하다.

그들은 누구를 사칭할까? 사칭 성범죄자를 만나본 결과, 이들은 대중이 신뢰하거나, 친숙하게 여기는 직업을 선택했다. 택배기사, 가스 검침원, 수리 기사, 사회 복지사 같이 집을 자주 방문하는 직업이나, 사복 경찰 같은 신뢰할 수 있는 직업 말이다. 특히, 사복 경찰은 '혹시 가족에게 무슨 일이 생겼나?' 하는 걱정에 쉽게 문을 열어주었다. 즉, 신원이 확인되지 않은 사람, 약속이 되어 있지 않은 사람, 공무원이라고 하는 사람은 모두 경계해야 한다.

B씨가 주택가를 배회하고 있었다. 홀로 있는 여성을 성폭행하기 위함이다. 그러다 B씨는 혼자 있는 여성을 발견했고, 대범하게 현관문을 두드리며, "○○경찰서 소속 강력계 형사 ○○○입니다. 문 좀 열어 주시죠."라고 말했다. 여성이 깜짝 놀라 "누구세요?" 하고 묻자, B씨는 재차 "○○경찰서 소속 강력계 형사 ○○○입니다. 며칠 전 동네에서 있던 사건 조사 차 방문드렸습니다." 하고 말했다. 그 말에 여성은 별 의심 없이 문을 열었고, B씨는 안을 살펴보며, "아무도 안 계시나요?" 하고 물었다. "네, 지금 혼자인데요. 무슨 일이시죠?"라고 여성이 대답하자 B씨는 돌변하여 문을 잠그고 여성을 성폭행했다.

A씨는 아파트를 배회하며 범행 대상을 찾고 있었다. 때마침 혼자 들어가는 여학생을 보았고, 천천히 뒤를 밟았다. 여학생이 집 안으로 들어가자, A씨는 대범하게 여학생의 집 벨을 눌렀다. "누구세요?" 여학생의 목소리가 들리자, A씨는 "주민센터에서 수질 검사하러 나왔습니다."라고 말했다. 여학생은 "네, 잠깐만요." 하고는 무심하게 문을 열었다. A씨는 집 안을 확인하며 여학생에게 혼자 있는지를 물었고, 여학생은 "부모님은 회사에 계시고, 저는 학원에 가려던 참이에요."라고 말했다. 집에 아무도 없다는 것을 확인한 A씨는 여학생을 방으로 강제로 데려가 범행했다.

이렇게 공무원을 사칭하는 성범죄자들은 대범하고, 꼼꼼하다. 더는 이런 고약한 성범죄 수법에 당할 수는 없다. 그간 사칭 성범죄자를 관리하며 연구한 솔루션을 제시하겠다.

solution 1 아이 혼자 있는 집은 위험하다

아이가 혼자 있는 집은 위험하다. 그러나 피치 못하게 아이가 혼자 집에 있어야 한다면, 누구에게도 문을 열지 말라고 가르쳐라. 면식범도 많기 때문에, 이웃도 마찬가지이다.

"부모님이 안 계시니 다음에 오세요."라고 외치도록 하고, 부모에게 전화해 방문자가 있었음을 알리라고 하라. 사실 집을 방문하는 사람은 부모에게 볼일이 있는 사람이지, 아이를 보기 위함은 아닐 것이다. 택배라면 문 앞에 두고 가라고 하고, 문을 꼭 열어줘야 할 상황인 것 같으면 반드시 부모에게 전화해 확인받으라고 하자. 물론, 아이가 꼭 문을 열어줘야 할 일은 없을 것이다.

solution 2 공무원 사칭범 알아내기

공무원이라고 하면 정말 많은 사람이 의심 없이 문을 연다. 특히 형사, 수사관, 주민센터 공무원, 인구 조사원이라고 하면 백발백중이다. 그러나 의심해야 한다. 공무원증은 복사해 만들면 그만이고, 신분은 거짓말하면 그만이다. 직접 해당 관공서에 전화해 확인하라. 번거롭지만 안전을 위한 최소한의 절차라고 생각하자. 진짜 공무원은 신분을 확인하는 절차를 불쾌해하지 않고 기다리며, 사칭범은 당황하며 도망간다.

사칭 성범죄자는 말이 능수능란하고, 거짓말에 대범함을 보인다. 또한, 집에 들어가서도 꼼꼼하게 누가 없는지, 증거가 될 만한 것은 없는지를 살핀다. 지능적이라 할 수 있다.

약속되지 않은 방문자를 의심하고, 철저히 확인해야 하는 이유이다. 문을 여는 순간, 그들은 극악무도한 본색을 드러낸다.

10

학원 선생님이 성범죄자라면

당신의 아이가 학원에 다닌다면 공부 이외의 것에도 예의주시해야 한다. 슬프지만 부모의 눈이 닿지 않는 순간부터, 아이들은 성범죄에 노출된다. 웃으면서 아이를 대하고, 학습과 진로를 상담하는 학원 선생님조차 성범죄자인 경우가 있다. 너무도 끔찍한 일이다. 눈에 넣어도 안 아플 나의 아이가, 신뢰할 대상인 선생님에게 성범죄를 당한다니, 말도 안 되는 소리라고 생각할지 모르겠다. 그러나 나는 아동을 대상으로 성범죄를 저지르는 학원 관계자를 많이 만났고, 그들을 관리하는 사람이다. 교육계에 있는 성범죄자들은 아동을 성적 대상으로 바라본다.

우리나라의 학원가는 어떤 곳인가? 사교육계의 경쟁터이자 아이들이 치열하게 공부하는 현장이다. 아이가 어른보다 바쁘게 사는 세상, 끝없는 경쟁과 미래의 꿈을 위해 공부하는 곳이다. 문제는 교육에 대한 고민보다, 성적인 데에만 관심이 있는 학원 원장과 선생님들이다. 특히 아이와 신체 접촉이 많은 학원일수록 성범죄 발생률이 높았다. 무술, 체조, 수영 학원 등에서 아이들이 전혀 눈치채지 못하게 행해진 것이다.

이들은 처음에는 안전을 빙자해 신체를 접촉해 성적 쾌락을 얻는다. 자세를 잡아준다며 엉덩이나 가슴을 만지고, 자신의 성기를 아이들의 몸에 마찰하며, 아이의 입안에 혀를 집어넣기도 한다. 아이와 친분을 쌓은 뒤, 따로 불러 범행하는 원장도 있다. 바로 그루밍 성범죄이다. 아직은 성범죄자가 학원을 운영하는 데에 아무런 제재가 없다. 그렇다면 교육계 성범죄가 수면 위로 잘 떠오르지 않는 이유는 무엇일까?

일단 어린아이일수록 자신이 당한 일을 인지하지 못한다. 그리고 신뢰가 쌓인 뒤 성적 접촉이 일어나기 때문에 성추행에 대한 판단이 서지 않으며, 문제를 인지했어도 발설하지 못하는 경우가 많기 때문이다. 그래서 아직까지 미제로 남은 사건도 많다.

동네에서 체육관을 운영하는 B씨는 아이들을 잘 지도하기로 유명했다. 그러던 어느 날, 체육관에서 혼자 공놀이하던 초등학교 3학년인 C양을 보고는 "오늘 일찍 왔네? 원장님 보고 싶어서?"라며 농담을 했고, C양은 해맑게 "네!" 하고 대답했다. B씨는 순간 욕정이 올라, 바닥에 매트를 깔고 자세를 잡아준다는 핑계로 신체를 만졌고, 급기야 자신의 성기를 아이의 엉덩이에 접촉하기까지 했다. 결국 B씨는 점점 대범해져 다른 아이들에게도 노골적이고 지속적으로 범행했으며, 수십 명의 피해자가 나오자 구속되고 말았다.

학원을 운영하던 C씨는 평소 매너가 좋고 친절해 여학생들에게 인기가 많았다. 그러던 어느 날, C씨에게 여고생 D양이 눈에 들어오기 시작했다. C씨는 D양과 메신저로 친분을 쌓은 뒤, 성관계를 갖고 싶다는 노골적인 메시지를 보내고, 수시로 전화를 했다. D양은 불쾌해 거절 의사를 밝혔으나 C씨는 멈추지 않았다. 어느 날은 D양을 원장실로 불러 "내가 얼마나 인기가 많은지 알지? 내가 너를 좋아하면, 아이들이 널 싫어하겠지?"와 같은 망상에 사로잡힌 말을 했다. 그러고는 겁에 질린 D양이 원장실에서 나가려고 하자 홧김에 범행하고 말았다. 그러고는 "이 사실을 누군가에게 알리면 너는 왕따가 된다."라고 협박했다. 그러나 D양은 바로 부모에게 알리고, 경찰에 신고했다.

이런 스승과 제자라는 위계가 있는 교육계 성범죄는 어떻게 예방할 수 있을까? 다음 솔루션을 보고 교육계 성범죄의 사슬을 끊어내자.

solution 1 적을 알아야 한다

아이가 다니는 학원의 원장에 대해 잘 아는가? 수강료를 낼

때만 마주치는 사람으로 생각하면 오산이다. 신뢰하되, 진짜 어떤 사람인지를 알아야 한다. 간혹, 학원에 아이만 덜렁 맡겨두고 얼굴 한번 비추지 않는 부모가 있다. 그러나 아이의 학습을 위해서라도 원장과 자주 상담하고, 어떤 사람인지 면밀히 보자. 그리고 불시에 수업에 참관해 선생님의 수업을 보는 것도 방법이다. 믿음직한 학원에서는 학부모가 자주 방문하거나, 수업을 지켜보는 것을 꺼리지 않는다. 그리고 신체 접촉이 이루어지는 체육 학원은 더욱 유심히 지켜봐야 한다. 불시 참관도 꼭 하길 바란다.

solution 2 체육 학원에는 CCTV가 중요하다

CCTV가 제대로 설치되어 있는지 확인하라. 모형으로만 달려 있거나, 고장 난 CCTV도 있다. 아이의 몸에 이상한 상처가 있거나, 평소와 다른 행동을 하거나, 짜증이 느는 등의 이상 행동이 관찰된다면 당당히 CCTV 열람을 요청하자. 아이의 안전에 그냥 넘어가도 되는 것은 없다.

solution 3 자존감 높은 아이로 키우자

옛날에는 어른에게 순종하는 예의 바름을 덕목으로 가르쳤지만, 지금은 그렇지 않다. 제 목소리를 낼 수 있는 당당한 아이로 키우자. 자존감이 높은 아이는 자신의 의견을 정확히 이야기하고, 피해 사실을 당당히 이야기한다. 내 잘못이 아니기 때문이다.

반면 자존감이 낮은 아이는 남의 눈치를 보고, 피해 사실을 가족에게조차 절대 발설하지 않는다. 추궁받을까 두렵기 때문이다. 성폭력은 아이에게 엄청난 충격이다. 아이의 잘못이 아니라, 아이에게 나쁜 짓을 저지른 어른의 잘못이라고 정확히 이야기해주자. 평소 아이와 소통하는 시간을 가져야 한다. 그래야 아이에게 비밀이 없다.

아동 성범죄의 범행 장소가 교육 시설인 경우는 정말 많다. 특히 학원은 사랑하는 자녀가 더 좋은 교육을 받았으면 하는 마음에 보내는 곳이 아닌가. 그러므로 학원 시설을 꼼꼼히 점검하고, 선생님들을 면밀히 살피자. 선생님에 대한 신뢰는 당연하지만, 학원가에서의 성범죄가 늘어하는 요즘, 신뢰할 수 있는 선생님인지 따지는 것 또한 당연하다.

PART 4

특수 성범죄, 이렇게 대처하라

01

그들은 무조건 술을 먹인다

술을 이용한 성범죄에 대해서는 여러 번 이야기해도 모자람이 없을 듯하다. 실제 대부분의 성범죄자는 본인이 술을 마시고 범행하거나, 여성에게 술을 먹여서 범행한다. 성범죄자가 제일 좋아하는 범행 도구는 누가 뭐라 해도 술이다. 그들은 범행 대상을 정하면 무조건 술을 먹이려 든다. 처음 본 여성이든, 알고 지낸 여성이든, 어린아이이든, 노인이든 가리지 않는다.

그리고 성범죄자들이 가장 많이 노리는 범행 대상은 미성년자들이다. 아동과 청소년은 술을 조금만 마셔도 치사량에 이를 수 있어 범죄에 훨씬 취약하며, 특히 술을 한 번도 마셔본 적 없는 어린아이는 더욱 그렇다.

성인도 술을 이용한 성범죄에는 속수무책이다. 성범죄자는 수단과 방법을 가리지 않기 때문에 술에 약물을 타는 일도 흔하다. 약물이 든 술은 조금만 마셔도 정신을 잃거나 몸을 가누지 못하게 되며, 물뽕 같은 신종 마약은 증거로 채택되기도 어렵다.

그렇다면 그들은 어디에서 범행하는가? 술을 이용한 성범죄라고 해서 꼭 술집이나 유흥업소에서 일어나는 건 아니다. 이들의 목표는 술이 아니라 여성이므로 '일대일로 술을 마실 수 있는 곳, 사람이 없는 곳'이면 된다. 그리고 이 모든 조건을 만족시키는 장소는 바로 숙박 시설이다. 주로 입구에 CCTV가 없는 숙박 시설을 이용하지만, CCTV가 있다면 최대한 연인인 척 위장해 들어간다.

본인의 집으로 유인하는 성범죄자도 많다. 자택에서 범행하는 경우는 보통 면식범인데 파티를 하자고 초대해서 범죄를 저지른다. 친구, 지인, 직장 동료, 호감 있는 사이에서 범행이 일어난다. 처음에는 달콤한 말로 다가올지 모른다. 그러나 뜻대로 되지 않으면 돌변해 감금하거나 강압적인 태도를 보일 수 있다. 그리고 실제 범죄 현장은 이루 말할 수 없이 참혹하다.

가출 청소년인 B양은 갈 곳이 없었다. 그래서 조건만남 앱으로 만난 사람의 집에서 하루 묵기로 했다. 채팅방을 개설하니 바로 한 남성이 말을 걸었고, 식사와 용돈을 제공할 테니 오라고 했다. 그러나 B양은 그의 집에 가자마자 성폭행과 감금을 당해야 했다.

생산직에 취직한 H씨는 매일 야근이었다. 그러다 자연스럽게 직장 동료인 J씨와 친해졌고, 야근 후 함께 아침을 먹게 되었다. 새벽이라 문 연 곳이 없어 편의점에서 간단히 아침을 먹고는 맥주도 한잔하게 되었다. 그러나 H씨의 속셈은 따로 있었다. H씨는 J씨가 잠깐 자리를 비운 사이, 술에 졸피뎀을 탔고, 한잔 더 먹자며 여러 번 권유해 정신을 잃게 했다. 그러고는 본인의 집으로 데려가 범행했다.

술을 이용한 성범죄는 수법이 다양하고, 범행 대상 연령대도 폭 넓다. 미성년자고 성인이고 할 것 없이 당한다. 그렇다면 술을 이용한 성범죄는 어떻게 예방할까?

solution 1 미성년자라면

이미 나쁜 마음을 먹은 사람은 미성년자라고 봐주지 않는다. 게임이나 내기를 하고, 술에 대한 호기심을 불러일으키고, 달콤한 말로 유혹해서 술을 먹인다. 그러므로 일대일 술자리는 피하자. 술을 권유하면 뿌리치고 그 자리를 벗어나야 한다. 상대가 또래든 어른이든, 술을 권한다면 불순한 의도가 있는 사람이다.

간혹, 지위를 이용해 술을 먹이는 어른도 있다. 아르바이트를 병행하는 미성년자를 노리는 고용주들이 그렇다. 학원 원장이, 이웃집 아저씨가, 부모의 친구가 술을 먹여 범행하기도 한다. 그게 누구든 술을 권한다면 부모에게 알리자. 술을 주는 어른을 믿지 마라.

solution 2 직장인이라면

직장에서는 술자리를 피하는 게 정말 어렵다. 직장 상사의 요구라면 거절하기 힘든 게 현실이다. 그러나 당신에게 단둘이 술을 마시자는 사람이 있다면 반드시 거절하라. 조금이나마 성범죄에서 벗어날 수 있는 길이다. 사람이 많은 회식 자리에서도 성추행과 성희롱이 발생한다. 단호하게 대처하자.

solution 3 술집, 유흥업소라면

당신이 유흥을 즐기고 있다면 당신에게 접근하는 모든 남성을 조심하자. 특히 숙취 음료, 음료수, 술을 자꾸 권한다면 바로 그 자리에서 벗어나야 한다. 낯선 사람이든, 친분이 있는 사람이든 상관없다. 타인이 주는 모든 음료를 거절하자.

술을 이용하는 성범죄를 예방하는 법은 술을 안 마시는 것이다. 현실적으로 어렵다면 본인만의 기준을 세우는 게 옳다. 남성과 단둘이 마시는 술, 모르는 사람이 주는 음료에 당신의 인생이 달라질 수 있다. 술자리를 즐기더라도 경각심은 필수이다.

02

그들은 장애인을 노린다

성범죄 사건을 접하다 보면 정말 참담해진다. 피해자가 사회적 약자일수록 그렇다. 한국형사정책연구원에서 펴낸 〈장애인 범죄피해실태와 대책에 관한 연구〉에 따르면 1989~2017년 발생한 장애인 피해 범죄 1302건 중 615건(47.2%)이 성폭력 범죄였다. 성범죄자 중에는 단순히 성욕을 해소하기보다 자신을 과시하고 싶어 범행하는 사람도 많다. 이렇게 과시욕이 있는 성범죄자들은 유난히 약한 상대를 골라 제압한다.

장애인을 범행 대상으로 하는 성범죄자는 신체적인 제약으로 반항할 수 없거나, 정신적으로 미숙해 상황을 제대로 분별하지 못하는 것을 노린다. 장애인이 무조건적인 사회적 약자라는 게 아니다. 나는 그들의 강한 신념과 건강한 삶을 응원한다. 그러나 성범죄자들은 모든 여성을 성적인 대상으로 여긴다. 장애인 여성이 위험한 이유이다. 이들은 필시 강자에게 약하고, 약자에게 강한 부류일 것이다. 남성 장애인이라고 안전한 건 아니다. 지난해, 한 남성 장애인활동지원사가 동성 장애인을 상대로 7달간 성범죄를 저지른 사건이 드러나기도 했다.

그렇다면 장애인을 상대로 한 성범죄는 어떻게 이루어질까?

장애인 성범죄는 보통 면식범에 의해 이루어지는 게 특징이다. 같은 아파트나 한동네에 사는 이웃이 범인인 경우가 많았으며, 평소 인사하고 친밀히 지내다가 이루어졌다. 가해자는 기타 알고 지낸 사람이 29.5%, 이웃이 16.3%, 가족·친척 16.1% 순으로 많으며, 면식범이 3명 중 2명꼴이다.

또한 이들은 신체적 장애가 있는 여성보다 지적 장애가 있는 여성을 노렸다. 정신적인 미숙함을 빌미로, 성범죄를 당해도 인지하기 힘든 점, 단순히 거부하지 않을 거라는 착각으로 행했으며, 음식을 사주거나 선물을 보내며 환심을 산 뒤 집으로 유인하는 수법을 썼다.

그들은 아주 철저하다. "집에 맛있는 게 있다.", "재미있는 것을 가르쳐 주겠다."라는 말로 지적 장애인을 유인하며, 여성이 음식을 먹는 사이에 신체를 접촉하고, 만족하지 못하면 강간한다.

> 아파트 2층에 사는 A씨는 1층에 사는 지적 장애 여성 B씨에게 관심이 많았다. 그래서 늘 놀이터 인근을 배회하는 B씨를 보면 인사를 하고, 먹거리를 나누었다. 이런 A씨를 아파트 주민들은 친절한 이웃으로 생각했다. 하지만 A씨는 그런 사람이 아니었다. A씨는 여느 때처럼 놀이터 주변에 있던 B씨에게 사탕을 주며, 집에서 게임을 하자고 했다. 그 말에 B씨는 흔쾌히 따라나섰고, A씨는 게임기에 열중하는 B씨를 성추행했다. A씨는 B씨가 반항하자 돈을 주었고, 그래도 반항하자 강제로 성폭행을 시도했다.
>
> 이미 장애인 강간 전과가 있던 H씨는 길에서 지적 장애 여성을 보고 욕정이 생겼다. 그래서 집에 데려다주겠다고 차에 태운 뒤, 공터에서 범행했다.

장애인은 우리 주변에 매우 많다. 조금만 시선을 돌리면 알 수 있을 것이다. 그리고 그들에게 가장 중요한 것은 교육이다. 개인적 관심을 넘어 사회적인 보호과 교육, 시스템 마련이 절실한 상황이다. 그렇다면 어떻게 장애인을 대상으로 한 성범죄를 끊어낼 수 있을까?

solution 1 장애인의 든든한 지원군, 가족

장애인이어도 가족이라는 든든한 지원군이 있으면 성범죄 예방에 효과적이다. 가족들의 절대적인 관심과 보살핌을 받는 장애인일수록 피해가 적다. 가족 중에 장애인이 있으면 예의 주시하고, 어떤 사람과 어울리는지, 누구와 제일 친한지 등을 알아두자. 평소 다니는 이동 경로를 파악해두는 것도 필수이다. 면식범도 많으니, 주변에 남자가 있다면 살펴 두자. 슬프지만, 평소 다니는 마트 아저씨, 카페 주인, 친구, 이웃이 가해자인 경우가 많다.

solution 2 반복적인 교육이 중요하다

장애인 성범죄는 상당히 가까운 이웃이나 친척이 많다. 대부분이 면식범에 의해 이루어진다. 이런 장애인의 피해를 막으려면 반복적인 교육이 절대적이다. 인지 능력이 떨어져 피해 사실을 인지하지 못하는 경우가 많으며, 사귀는 것처럼 인식해 그루밍 성범죄를 당하는 경우도 많다. 한두 번 교육해서는 어렵고, 반복적으로 성범죄를 인식시키는 게 필요하다. 국가에서 장애인과 장애인 가족을 대상으로 성교육을 실시하고 있으니 적극 활용하길 바란다.

03

그들은 차량으로 납치한다

이번 사례는 다소 극단적일 수 있으나, 의외로 흔한 유형인 '차량 납치'이다. 영화에나 나올 법하지만 사실 많이 벌어지는 사건으로 언론에 잘 보도되지 않는 특징이 있다. 그래서 그런지 사람들은 차량 납치를 나와는 상관없는 일로 생각한다.

앞서 이야기했지만, 성범죄가 무서운 이유는 극단적인 성적 쾌락을 위한 범죄에서 제2의 범죄로 이어지기 때문이다. 연쇄 성범죄, 살인과 같은 강력 범죄로도 이어진다.

이들이 성범죄를 저지르는 이유를 성욕 때문이라고만 치부한다면 단순한 생각이다. 이들은 납치, 폭력, 감금과 같은 극단적인 행동으로 여성에게 우월함과 강함을 표출하려 든다. 이런 범죄를 대비하기 위해서는 경각심을 물론, 성범죄 예방 자체에 관심을 높여야 한다. 그렇다면 그들은 어떤 여성을 노리며, 어떤 방법으로 유인하는가? 차량 납치범은 어떤 특징이 있을까?

첫째, 제2의 범죄로 이어진다.

차량 납치범을 보면 처음부터 성범죄 목적이 아닌 경우가 많다. 그들은 보통 현금이나 카드 절도범이었다. 돈을 쉽게 강취할 수 있는 대상으로 여성을 골랐고, 현금을 빼앗고 협박하다가 '이렇게 된 거 성폭행하자.'라고 생각한 것이다. 반대로 극단적인 성폭행 후 돈을 강탈하기도 한다. 모두 자신의 범죄 사실을 인지한 다음, 또다른 범죄까지 저질러 버리는 경우이다. 즉, 차량 납치는 제2의 범죄로 쉽게 이어진다.

둘째, 홀로 있는 여성을 공략한다.

성범죄는 밤낮을 가리지 않고 일어난다. 중요한 건 연령에 관계 없이 '혼자 있는 것' 자체가 범행 대상이 된다는 점이다. 통계적으로 범행 시간은 오후부터 새벽까지 가장 많이 발생하며, 주로 홀로 귀가하는 여성을 상대로 한다.

시골에서 많이 발생하는 것도 특징이다. 이들은 외진 길을 혼자 걸어가는 여성을 납치해 아무도 볼 수 없는 장소, CCTV가 없는 장소에서 범행을 저지른다.

셋째, 그들은 대범하다.

그들은 항상 여성에게 접근할 근거를 만들어 다가간다. 홀로 걷는 여성 앞에 차를 세운 뒤, 창문을 열고 "여기가 ○○○동 맞죠? ○○커피숍이 어디예요?"라고 물어 여성이 쉽게 다가올 수 있도록 하는 것이다. 그러고는 순식간에 여성을 강제로 태운다. 다소 극단적인 일이지만 실제 일어나고 있는 일이며, 흔한 범죄이기도 하다. 이들은 이런 비슷한 방법으로 여성에게 말을 걸고 접근한다.

넷째, 공범이 있다.

차량 납치범은 혼자 움직이지 않는다. 대부분 공범이 있다. 운전자가 있고, 조수석에는 말을 거는 사람이 있고, 뒷좌석에는 행동 요원인 납치범이 있다.

저녁 무렵, 여대생 A 씨가 인적이 드문 버스정류장에서 버스를 기다리고 있었다. 그때 승합차 한 대가 앞에 서더니 조수석에서 한 남성이 "저기요, 초행길이라 그런데 마트가 어디에 있어요?" 하고 물었다. A씨는 아무렇지 않게 "저기 모퉁이 돌면 있어요."라며 손가락으로 가리켰다. 그러나 순간 승합차의 뒷문이 열리더니 한 남성이 강제로 태워버렸다. A씨는 벗어나려고 발버둥쳤지만, 폭력을 당해 항거 불능 상태가 되었고, 그대로 산에 끌려가 성폭행을 당했다.

늦은 밤, B 씨는 홀로 퇴근 중이었다. 골목도 어둡고 사람이 없어 스산했다. 그때 뒤에서 승용차 한 대가 바짝 다가섰다. B씨는 이상해서 벽 쪽으로 비켜섰지만, 이내 남성이 내리더니 목에 칼을 겨누고 "소리지르면 죽여 버린다."라고 말했다. B 씨는 두려움에 소리조차 지를 수 없었고, 도움을 청할 사람도 없어 공포심에 사로잡혔다. 그렇게 납치당해 인적이 드문 곳에서 성폭행당하고, 지갑까지 통째로 도난당했다.

자, 그렇다면 이런 극악무도한 상황을 어떻게 예방할까? 솔루션을 제안한다.

solution 1 대로변으로 다닌다

큰길로 다니는 게 중요하다. CCTV가 있고, 밝고, 사람이 많은 거리 말이다. CCTV는 위험이 닥쳤을 때 즉각적인 도움을 줄 수는 없지만, 당신을 지켜보는 눈은 되어줄 것이다. 납치 현장을 찍고, 당신의 이동 경로를 파악할 것이다. 또한 CCTV가 있다는 것만으로도 성범죄자들은 범행을 꺼린다. 가로등이 곳곳에 있고, 식당이나 편의점 같은 상점이 많은 거리를 경유하는 것도 방법이다. 누군가 당신을 노린다는 판단이 들면 상점으로 뛰어들자. 당신의 느낌을 믿어라. 그리고 성범죄자들이 접근하기 힘들도록, 모르는 사람이라도 좋으니 주변에 사람이 많은 곳으로 다니자.

solution 2 누군가 차를 세우고 길을 묻는다면?

만약 누군가 차를 세우고 당신에게 길을 묻는다면, 가까이 붙지 말라. 철저히 경계하고, 멀찍이 서서 손으로만 알려줘도 충분하다. 사실 스마트폰으로 검색하면 어디든 상세히 알려주는 세상이며, 낯선 사람의 물음에 꼭 답할 필요도 없다. 대한민국 사람은 너무 친절하다. 친절함은 좋지만, 밤길에 홀로 있는 여성에게는 안전이 가장 중요하다. 친절하지 않아도 된다. 경각심을 갖고 신속하게 목적지를 향해 이동하라.

solution 3 주차된 차량도 경계하라

밤길, 조심해야 할 것이 하나 더 있다. 주차된 차량이다. 성범죄자들은 시동을 끈 차 안에 조용히 있다가, 적당한 상황이 되면 문을 열고 나와 여성을 납치한다. 주변에 사람이 없는데 주차된 차량이 즐비하다면 신속히 지나가라. 괜히 남의 차 안을 들여다보거나, 창문에 당신을 비춰보는 것도 금물이다. 범행 대상이 되기 좋은 행동이다. 당신의 앞에 갑자기 멈추어 서거나, 따라붙는 차량도 조심해야 한다.

차량 납치에 대한 글을 쓸지 말지 고민했다. 극단적인 성범죄가 실질적인 도움이 될지 의문이었기 때문이다. 그러나 성범죄 유형을 공유함으로써 당신이 경각심을 갖고 대비하는 게 중요하다고 판단했다. 제시한 솔루션으로 당신의 안전을 지키길 바란다.

04

그들은 여행객을 노린다

여행을 계획하고 있거나, 여행 중이라면 방심하지 말아야 할 것이 있다. 바로 성범죄이다. 즐겁게 시간을 보내고 있는 당신을 지켜보는 사람이 있을 수 있다. 나는 홀로 여행하는 여성을 참혹하게 만든 성범죄자를 여럿 보았다. 대한민국이 전 세계에서 알아주는 치안 안전국이라고 해도, 성범죄에 성역은 없다. 뉴스에 보도되는 굵직한 사건도 많지만, 알려지지 않은 여행지에서의 성범죄 또한 너무 많다.

여행객을 대상으로 한 성범죄자 또한 치밀하고 계획적이다. 그리고 이들의 주 범행 장소는 역시나 숙박 시설이다. 여행객들은 캠핑장, 모텔, 호텔 등 다양한 숙박 시설을 이용하지만 혼자 온 여행객들은 게스트하우스도 많이 이용한다. 저렴하고, 게스트하우스에서 운영하는 패키지 상품을 이용할 수 있기 때문이다. 또, 저녁이 되면 다른 여행객들과 파티를 하며 친해질 기회도 있다. 물론, 여행객끼리 친해지고, 건전하게 놀면 무슨 문제이겠는가? 문제는 성범죄자들이다.

그들은 자연스럽게 파티를 통해 여성에게 다가간다. 함께 먹고 놀며 호감을 사고, 술을 권한다. 그리고 술을 과도하게 먹이거나, 술에 약물을 타 성폭행한다. 게스트하우스 밖에 준비해둔 차량으로 혼미한 여성을 끌고 가기도 한다.

여성끼리 온 여행객도 범행 대상이다. 밤에 여성끼리 술을 마시고 노는 모습을 지켜보다가, 숙소에 불이 꺼지면 제대로 잠기지 않은 현관문이나 창틈으로 들어가 범행한다.

> 회사 동료인 A씨와 B씨는 함께 여름휴가를 보내기로 하고 펜션을 잡았다. 지인들은 여자 둘이니 게스트하우스도 좋겠다고 했지만, 조금 비싸더라도 편하고 안전하게 묵고 싶어 한 선택이었다. 그렇게 둘은 즐겁게 하루를 보내고, 저녁에는 펜션에서 고기를 구워 먹고 술을 마신 채 일찍 잠이 들었다. 그러나 행복은 오래 가지 못했다. 늦은 밤 괴한에게 성폭행과 금품 갈취를 당했기 때문이다. 깜빡하고 문단속하지 않은 게 화근이었다.

C 씨와 D 씨는 자주 여행하는 친구 사이로, 숙박 업소로는 주로 모텔을 이용했다. 호텔만큼은 아니지만, 안전하고 편안했기 때문이다. 그러던 어느 날, 모텔에서 쉬고 있는데 누군가 문을 두드렸다. "누구세요?" 하고 물으니, "모텔 직원입니다. 사람을 찾는데 도와주시겠습니까?" 하고 한 남성이 말했다. 둘은 직원이라는 말에 의심 없이 문을 열어주었다. 그러나 스스럼없이 들어온 남성의 손에는 칼이 쥐어 있었다. 괴한은 C 씨의 목에 칼을 들이대고 협박해 항거 불능 상태로 만든 다음, 둘을 성폭행했다.

세 명의 여대생이 방학을 맞아 함께 휴가를 보내기로 했다. 성수기라 숙박 시설 예약이 여의치 않아, 셋은 저렴하고 저녁에 파티도 할 수 있는 게스트하우스를 이용하기로 했다. 그렇게 셋은 여행을 즐기고, 저녁에는 게스트하우스에서 제공하는 바비큐 파티에 참여했다. 다른 여행객들과 어울릴 수 있어 즐거웠다. 그런데 갑자기 한 남성이 다가와 셋에게 술을 권했다. 처음에는 경계했지만, 원래 이런 분위기인가 싶어 함께 술을 마셨다. 그러다 취기가 돌자, 남성은 한 명에게만 바람을 쐬러 나가자고 했고, 그렇게 따라 나간 여성은 아무도 없는 바닷가에서 성폭행당하고 말았다.

즐거운 추억이 되어야 할 여행이 끔찍한 순간이 되는 건 한순간이다. 시간을 되돌릴 수도 없다. 그렇다면 여행지에서는 어떻게 행동해야 할까? 다음 솔루션을 통해 여행지에서의 안전에 대해 알아보자.

solution 1 술을 권하는 낯선 사람을 조심하라

게스트하우스는 가격이 싸고 다양한 사람을 만날 수 있어 젊은 사람들이 많이 찾는다. 내 지인도 게스트하우스에서 만난 사람과 결혼까지 했다. 하지만 게스트하우스를 찾는 사람 가운데 성범죄자가 있다면? 이야기는 달라진다. 너무 뻔하게 들리겠지만, 술을 권하는 사람을 조심하자. 특히, 지속해서 당신에게 술을 따라주고, 칭찬하는 사람을 조심하자. 여행지에서의 설렘과 당신을 기분 좋게 하는 말에 넘어가 과하게 술을 마셔 몸을 가누지 못하는 순간, 그들은 돌변한다.

solution 2 문단속을 철저히 하라

안락한 숙박 시설은 여행에서 아주 중요하다. 하루의 여독을 풀고, 즐거운 저녁을 보내는 곳이니 말이다. 그러나 혼자 가든, 여러 명이 가든 방심하지 말자. 들뜬 마음과 술기운에 기본적인 문단속조차 하지 못하면 성범죄자의 범행 대상이 될 수 있다. 실제 펜션에 가보면 덥다고 문을 활짝 열어두고 자는 사람도 많다. 그러나 위의 사례처럼 활짝 열어둔 문, 무심코 잠그지 않은 창문으로 유유히 들어오는 사람이 있다. 홀로 여행객이라면 문단속에 철저해야 하고, 여럿이 온 여행객도 늘 경계하고 문을 확인해야 한다. 숙박 업소에서 잠금장치를 확인하는 것은 기본이다.

평소라면 경각심을 가지고 밤길을 다니고, 낯선 사람을 조심하고, 문단속을 철저히 하는 사람이라도 여행지에서는 그렇지 않을 수 있다. 즐거운 분위기에 주변에 대한 경계심이 풀어지는 것이다. 하지만 여행지는 익숙한 곳이 아니며, 평소 알고 지내는 이웃이 있는 것도 아니다. 완벽한 타지이므로 각별한 주의가 필요하다.

05

그들은 친족을 노린다

대한민국에서 아동을 대상으로 한 성범죄는 조두순 사건이 대표적일뿐, 그 이전부터 있어 왔다. 그리고 아동 성범죄는 증가 추세이기도 하다. 검찰청 통계에 따르면 2020년 13세 미만 아동 대상 성범죄는 1,155건이 발생했으며, 2011년부터 꾸준히 증가하고 있다. 2020년 소폭 감소했으나, 지난 10년 동안 9.3% 증가했다.

그 가운데 가장 납득할 수 없는 유형은 '아동을 대상으로 주거지'에서 범죄를 저지르는 유형이다. 통계에 따르면, 범인은 이웃이나 부모의 지인 등 면식범이 많았다. 즉, 아는 사람이 주거지를 방문하여 성범죄를 저지르는 것이다.

아동 성범죄의 가해자는 이웃과 지인 16.6%, 친족 17.6%이며, 장소별로는 주거지 46%, 노상 15.4%로 나타났다. 여기에서 주목할 것은 친족에 의한 성범죄이다.

내가 관리하는 대상자 중에는 자신의 친자녀나 친손녀, 조카, 사촌을 대상으로 한 경우가 꽤 있다. 범죄 내용을 알고 만나도, 실제로 대면하면 새삼 충격인 게 친족 성범죄자이다.

특히 친자녀를 대상으로 한 성범죄자를 대면하는 게 가장 힘들었다. 그들은 밖에서는 천사처럼 행동하지만, 가정에서는 악마로 변하는 이중인격을 지녔으며, 폭력으로 아내가 집을 나가거나 이혼한 경우가 많았다. 그리고 아내가 자리를 비우니 폭력의 대상은 자연스럽게 자녀가 되었다. 또한, 자녀가 딸이면 폭력성이 성적으로 발현했다. 친족에 의한 아동 성범죄는 의외로 흔하다. 평생의 뿌리가 되는 자녀의 유년 시절을 망친다는 점에서 절대 용서받기 힘든 범죄일 것이다.

또한, 조부모, 형제, 삼촌, 사촌 등 울타리가 되어 주어야 할 가족이 가해자인 경우도 이해하기 힘들었다. 이들은 자녀가 집을 비운 사이 손녀를 강간하고, 부모가 없는 사이에 여동생을 강간하고, 방학 때 잠깐 놀러 온 조카를 강간한다.

한 가정이 있었다. 남편인 A씨는 술만 마시면 아내에게 주먹을 휘둘렀다. 잦은 폭력으로 겁에 질린 아내는 가정을 떠나야 했고, 사정이 여의치 않아 딸을 데리고 나오지 못했다. A씨는 아내가 떠나자 술을 더 많이 마셨다. 딸은 이런 A씨를 보고 겁이 났지만, 유일한 보호자의 곁을 떠날 수는 없었다. 그러던 어느 날, A씨는 혼자 공부하던 딸 옆에 앉았다. 그러고는 천천히 딸의 가슴을 만지며 추행했고, 딸이 깜짝 놀라 강하게 거부하자 A씨는 바로 중단했다. 그러나 몇 달 뒤 A씨는 다시 딸을 추행했고, 딸은 폭력적인 A씨의 모습이 떠올라 반항하지 못했다.

B양은 방학을 맞아 조부모님이 사는 시골로 내려왔다. B양의 할아버지는 손녀가 귀여워 동네 이곳저곳을 데리고 다니며 하루를 보냈다. 그러나 할머니가 외출한 사이, B양이 텔레비전을 보는 모습에 욕정이 생겼고, 결국 천천히 다가가 입을 맞추고 강제로 신체를 만지고 말았다. 모두 할머니와 부모가 없는 사이에 일어난 일이었다.

친족 성범죄는 날로 증가하고 있다. 이전부터 있었지만 핏줄이라는 이유로 묵인되어 오다가, 최근 인식의 변화로 신고 건수가 많아져 증가한 걸로 보인다.

방관자가 되지 말아야 한다. 모든 성인은 아동을 보호할 의무가 있다. 가족 내 누군가가 의심스럽다면, 또는 당신이 친인척 관계에 있는 사람에게 당했다면 반드시 신고하자. 이런 성범죄는 보통 상담을 통해 밝혀져 신고가 이루어진다. 교육계 종사자라면 더욱 교육과 상담에 신경 쓰고, 적극적으로 행동해야 한다.

06

그들은 유흥업 종사자를 노린다

한 남성이 유흥가를 배회하고 있다. 그는 다름 아닌 범죄를 위해 대상을 물색하고 있는 성범죄자이다. 그는 길을 걷는 평범한 여성에게는 눈도 돌리지 않는다. 그가 노리는 여성은 바로 유흥업 종사자이다.

대한민국의 대표적 유흥업소는 노래방이다. 가족 단위로도 가고, 친구들끼리도 가고, 직장 동료들끼리도 가는 곳이다. 하지만 어떤 사람들은 노래방 도우미라고 부르는 여성들을 불러 유흥을 즐기기도 한다. 음주가무로 뒤덮인 공간이라 봐도 무방하다. 이런 곳에서 노래방 도우미는 흥을 돋우고 사람들을 접대하다가 성범죄자의 범행 대상이 된다.

범행 대상이 되기 쉬운 직종이 하나 더 있다. 다방에서 커피를 배달하는 다방 종업원이다. 도심에서는 찾아보기 힘들지만, 읍 단위의 소재지에서는 아직도 성행 중이다. 전부는 아니지만, 티켓 다방 형식으로 운영되어 커피 배달 후 불법적인 성매매가 이루어지는 것이다.

성매매 자체가 불법이지만, 성범죄자들은 돈을 주고 성매매를 하지 않는다. 그들은 유흥업 종사자를 마음대로 취해도 되는 사람이라 생각해 너무도 쉽게 성범죄를 저지른다.

유흥업 종사자가 성폭력 당하는 것에 대해 사람들에게 물어보면 "그 정도는 감수해야 하는 거 아니야? 유흥업을 선택했다는 건 자기 몸을 소중히 생각하지 않는다는 거잖아. 무슨 상관이지?"라고 말하는 사람이 있다. 그러나 내 생각은 다르다.

성매매와 성범죄는 엄연히 다르다. 성매매는 불법이지만 합의된 관계이기 때문에 여성의 정신적, 신체적 피해가 적다. 그러나 유흥업 종사자라도 성폭력을 당하면 이루 말할 수 없는 충격과 고통을 받게 된다.

성매매나 성폭력이나 매한가지라고 생각하는 사람도 있지만, 실제 성폭행 현장을 보면 생각이 달라질 것이다. 유흥업 종사자라 해도 성폭력을 당한 이후에는 피폐한 삶을 사는 사람이 많다.

A씨는 어느 다방의 단골이었다. 티켓을 끊어 놓고 집에서도 종종 커피를 시켜 마실 정도였다. 그러던 어느 날, A씨는 커피 배달을 온 B씨를 보고는 단번에 새로 들어온 여성임을 알아챘고, 허벅지를 만지며 희롱했다. B씨는 커피나 마시라며 손을 치웠지만, A씨는 행동을 멈추지 않았다. 결국 B씨의 강한 거부에 화가 난 A씨는 주먹을 휘두르고 성폭행했다.

J씨는 평소 노래방 도우미를 불러 혼자 노래방을 이용했다. J씨는 그날도 혼자 노래방을 찾았고, 술을 마시며 도우미 여성과 노래를 불렀다. 분위기가 무르익자 J씨는 여성에게 성매매를 제안했다. 그러나 여성은 받아들이지 않았고, J씨는 여러 번의 거절에 화가 나 여성을 주먹으로 때려 항거 불능 상태로 만든 뒤 성폭행을 시도했다.

유흥업에 종사한다고 성폭행을 당해도 되는 건 아니다. 유흥업 종사자에 대한 사람들의 인식이 변하지 않으면, 성폭력은 근절되지 못할 것이다. 누구든 거절 의사를 밝혔는데도 당한다면 피해자이다.

유흥업 종사자들의 삶에 대해 가타부타할 권리는 누구에게도 없다. 문제는 잔혹한 성범죄자가 유흥업 종사자들을 쉽게 노린다는 사실뿐이다. 전자발찌 대상자들은 과거에 성폭행당한 적이 있는 여성과 성매매하는 여성을 동일시하기도 한다. 그리고 "당해도 싸다."라고 말한다. 당해도 싼 사람은 세상에 없는데도 말이다. 그렇다면 유흥업 종사자들의 성범죄를 예방하려면 어떻게 해야 할까?

solution 1 유흥업 종사자라면 당장 그만둬라

어이없는가? 너무 대책 없는 말인가? 성범죄자를 관리하며 안 건데, 성범죄자들은 노래방을 정말 많이 출입한다. 날일로 번 돈을 노래방 도우미들에게 다 써버리고 밥 먹을 돈이 없어 허덕이는 경우도 봤다. 그러다 성욕이 생기면 돈이 없으니 또 범죄를 저지른다. 어찌 되었든 성범죄자는 유흥업소를 많이 드나들며, 유흥업 종사자를 쉽게 생각한다.

당신이 유흥업 종사자라면 불법 성매매로부터 멀어져야 한다. 노래방 도우미나 다방 종업원을 하며 생계를 잇는 심정을 이해하지 못하는 건 아니다. 그러나 합법적인 방법으로 안전하게 돈을 벌길 바란다. 당장 그만두고 다른 일을 하라.

solution 2 그래도 그만두지 못하겠다면

그만두지 못하겠다면 방법은 없다. 유흥업에 종사하는 것만으로도 성범죄에서 자유로울 수 없다는 것을 알았으면 한다. 그리고 사회에 문을 두드리면 얼마든지 당당한 직업을 가질 수 있다. 생계비와 주거 지원, 직업 훈련 등을 받을 수 있다.

당신은 소중한 사람이다. 당신의 몸을 소중히 여기고, 사랑하는 사람을 떠올려보길 바란다.

07

그들은 어린아이만 노린다

조두순의 얼굴이 공개되었으니 안심인가? 그렇지 않을 것이다. 조두순 같은 성범죄자는 사실 아이 주변에 상당히 많다.

나는 아동 성범죄자를 7년이나 관리했다. 그리고 재범할 경우 또다시 아동이 대상이라는 점에 놀랐다. 소아 성애는 사춘기 이전의 아동을 상대로 강한 성욕을 느끼는 이상 증상이다. 그렇다면, 아동 성범죄자들은 모두 소아 성애자인가? 그렇지 않다. 조두순도 아내가 있었음에도 아동을 상대로 성폭행을 저질렀다. 즉, 아동 성범죄자라고 해서 성인에게 성욕을 못 느끼는 것은 아니므로, 이들을 소아 성애자라고 진단해 확정하기가 어렵다.

게다가 출소 후 아동을 상대로 재범을 저지르지 않으리라는 보장이 없다. 하지만 나는 아동 성범죄자는 또다시 아동을 노리는 특성을 알고 있기 때문에 그들을 관리하는 데 만전을 기하고 있다.

2020년, 조두순이 출소한 이후 아동 성범죄에 대한 담론이 더욱 활성화되었다. 나는 이런 사회적 관심에 긍정적이다. 성범죄에 대한 이슈가 클수록 성범죄가 조금이나마 줄기 때문이다. 그렇다면, 아동 성범죄자들은 어떤 사람이며, 어떻게 아이에게 접근해 범죄를 저지를까?

아동 성범죄자 대부분은 아이와 면식이 있는 사람이다. 그러므로 아이를 교육할 때, "낯선 사람 조심해라."라고만 하는 것은 옳지 않다. 아이들은 놀이터에서 철봉 묘기를 부리는 아저씨를 보면 신기해서 다가가 박수를 치며, 낯선 사람을 조심하라는 말 따위는 쉽게 잊는다.

낯선 사람의 이미지가 모호한 것도 문제다. 자녀에게 낯선 사람을 그려보라고 하라. 아마 좋아하는 만화 속 악당 캐릭터나 털이 숭숭 난 괴물을 그릴 것이다. 즉, 아이가 생각하는 낯선 사람은 '외모가 험상궂은' 사람이다. 그러나 현실 속 낯선 사람은 아주 평범하게 생겼다.

예의 바르고 착한 어린이가 되어야 한다고 말하는 것도 잘못이다. 성범죄자들은 '어른의 말을 잘 듣는, 거절할 줄 모르는 아이'를 범행 대상으로 삼는다. 아이들은 누군가의 요구가 부당하다고 생각되거나, 낯선 사람의 요구에는 거절할 줄 알아야 한다. 거절을 배우지 못한 아이는 누군가 도와달라고 하면 싫어도 돕는다. 아이를 착하게 키우는 것과 현명하게 키우는 것은 다르다.

아동 성범죄 장소로는 노상도 발생률이 높다. 놀이터, 길거리, 공터 등 말이다.

요즘에는 일찍부터 아이에게 스마트폰을 사준다. 그러고는 연락만 잘되면 별문제 없을 거라 생각하며 안심한다. 그러나 현실은 그렇지 않다. 아동 성범죄자들은 놀이터에서 혼자 스마트폰을 만지고 있는 아이가 있으면 같이 게임을 하자고 하거나, 자기 집에 가서 컴퓨터 게임을 하자고 꾀어낸다.

'도움 요청하기'도 많이 사용한다. 위급한 상황을 연출하거나, 길을 물어보거나, 몸이 불편하니 도와달라고 하며 사람이 없는 곳으로 유인한 뒤 성범죄를 저지른다. 어른의 말에 순종하는 것을 미덕으로 배우는 아이일수록 잘 넘어가는 방법이다. 길을 알려주면 선물을 준다며 보상하는 방법, 강아지를 이용해 꾀어내는 방법 또한 고전이지만 여전히 잘 통한다. 여기에 부모의 친구라고 하며 진짜로 아이의 이름을 알고 접근하면 속수무책이다.

> 성범죄자 A씨는 놀이터에 홀로 있는 아이를 발견하고는 천천히 다가갔다. 그러고는 "얘야, 아저씨가 여기 이사 온 지 얼마 안 돼서 그러는데 세탁소가 어디에 있는지 아니?" 하고 물었다. 아이는 잘 안다는 표정으로 손가락으로 가리키며 "저쪽에서 오른쪽으로 꺾으면 있어요!"라고 말했다. 그러자 A씨는 "아, 그래. 고마워. 아저씨가 그래도 길을 몰라서 그런데 같이 가줄 수 있니? 대신 맛있는 거 사줄게."라고 유인했고, 아이는 어려움에 처한 사람을 도와야 한다는 생각에 흔쾌히 따라나섰다. 그렇게 A씨는 아이에게 과자를 사주면서 집에서 게임을 하자고 꾀어냈고, 자신의 집에서 범행을 저질렀다.

이렇게 순수한 어린아이만을 노리는 성범죄자를 처치할 방법은 무엇이 있을까? 앞서 안전 교육에 대해 이야기했지만, 구체적인 방법을 제시하겠다.

solution 1 아동에게는 상황극이 효과적이다

요즘에는 어린이 안전 교육 콘텐츠가 많다. 안전 만화, 성교육동화, 안전 뮤지컬 등 종류도 다양하다. 이런 콘텐츠를 이용해 어린이집이나 유치원, 학교에서는 정기적으로 교육을 하며 각 가정에서도 활용하는 추세이다. 그러나 실제 상황에도 통할까? 사실 상황을 파악하더라도 우물쭈물하며 벗어나지 못하는 게 태반이다.

예방 교육할 때는 상황극을 만들어 실전처럼 연습하자. 성범죄자들의 다양한 접근 방식을 토대로 연습하는 것이다. 도움을 청하는 사람에게는 "저는 못 해요. 어른을 불러올게요!" 하고 단호히 거절하게 하고, 강아지를 만져보라는 사람에게는 "남의 강아지를 함부로 만지면 안 돼요. 싫어요."라고 말하게 하자. 실제로 입으로 외쳐본 아이들이 위기 상황에 대처를 잘한다. 안전 훈련은 일회성이 아니라 자주, 놀이처럼 하는 게 좋다.

solution 2 소통하는 가족이 범죄를 예방한다

아이의 자존감은 화목한 가정에서 이뤄진다. 원만한 가정의 아이들은 원치 않는 일을 당했을 때 주저하지 않고 부모에게 알린다. 그리고 부모는 빠르게 아이를 안심시키고 문제를 해결한다. 아이가 말하지 못하더라도 기민한 부모는 빨리 알아채고 대처해 아이의 회복을 돕는다.

그러나 요즘에는 부모와 아이 모두 스마트폰에 중독된 집이 많다. 소통이 없는 가정일수록 성범죄가 지속적으로 발생하고, 감정적 회복 속도가 느리다는 걸 알아둬라. 아무리 바빠도 아이와 눈을 맞추고 대화하는 시간을 몇 분이라도 갖길 바란다.

08

그들은 노인을 노린다

현재 대한민국은 고령사회로 접어들었다. 고령인구(만 65세 이상)의 비율이 전체 인구의 7% 이상 14% 미만이면 고령화 사회, 14% 이상 20% 미만이면 고령사회, 20% 이상일 경우 초고령 사회라 말한다. 우리나라 노인 비율은 2020년 기준 15.7%로 고령사회에 있다.

노인 인구가 증가함에 따라 노인 대상 성범죄도 증가 추세다. 검찰청 통계에 따르면 61세 이상 노인으로 대상으로 성폭력 범죄를 저지른 비율은 2017년 2.2%, 2018년 2.3%, 2019년 2.7%, 2020년 2.7%, 2021년 3.1%로 증가하고 있다.

이렇듯 성범죄자는 자신의 성적 쾌락을 위해서라면 대상이 누구든 범죄를 저지른다. 사회적 약자이자 공경해야 할 노인이라 할지라도 성폭력을 일삼는 최악의 범죄자다.

오래전 노인을 상대로 성범죄를 저지른 대상자를 실제로 마주하고 나는 분노에 휩싸였다. 나는 어렸을 때부터 할머니와 같이 지내고 있다. 어릴 적 나는 부모님 없이 어려운 환경에서 살아야 했다. 그럼에도 나를 포기하지 않고 키워주신 우리 할머니를 가장 존경하고 사랑한다. 그런 나에게 노인을 상대로 한 성범죄자를 만나는 건 감정적, 정신적으로 힘든 시간이었다. 노인을 공경해도 모자랄 판에 추악한 성범죄를 저지른 범죄자를 마주했을 때 감정이 심하게 요동치고 정신적으로 피폐해졌다. 그런 범죄를 저지른 범죄자가 다시 사회에 나와 반성하지 않는 모습을 볼 때면 나는 그 사람을 찢어 죽이고 싶을 정도의 심정이었다. 또 노인 피해자와 우리 할머니를 생각하니 얼마나 가슴이 아팠겠는가? 하지만 공직자로서 공적 업무에 개인의 감정은 오히려 독이다. 처음에는 분노를 잠재우기 어려웠다. 지금은 분노하기보다 제2의 피해자가 나오지 않게 최선을 다하기로 했다. 분노를 동력 삼아 재범을 막고 예방하는 데 힘쓰기로 했다.

본론으로 돌아와서, 노인을 상대로 범죄를 저지른 성범죄자들은 대상을 어떻게 노리게 되는 걸까? 두 가지로 요약할 수 있다. 주거 침입과 일면식이다.

범죄자 J는 여름에 문이 열려 있는 한 주택을 발견하고 곧장 침입했다. 그리고 거실에서 잠자고 있던 노인 A씨를 발견하고 강간하기로 마음을 먹었다. 범죄자 J는 주변을 살핀 뒤 아무도 없자 부엌에서 흉기를 들어 자고 있던 노인 A씨를 위협하고 강간했다.

범죄자 B는 주택가를 지나면 항상 노상에 앉아 있던 노인 A씨와 일면식이 있다. 범죄자 B씨는 노상에 앉아 있는 A씨를 자주 보고 인사를 나누며 친한 사이가 된다. 어느 날 범죄자 B가 슈퍼에서 술을 마시고 집으로 가던 중 평소처럼 노상에 있는 노인 A씨를 보고 강간하기로 마음을 먹었다. 이후 노인 A씨가 귀가하는 것을 보고 따라가 주거지에 다다랐을 때 준비된 흉기로 위협하고 A를 강간했다.

범죄자들은 노인들이 방심하는 순간을 노려 성범죄를 저질렀다. 이렇게 반인륜적인 범죄로부터 노인들을 보호하려면 어떻게 해야 할까?

solution 1 주변인에게 경계심을 가져야 한다

사례에서 알 수 있듯 노인들은 청년층이나 중장년층에 비해 타인에 대한 경계심이 덜한 편이다. 자주 보고 인사를 나누거나 친밀한 태도로 다가가면 노인들은 경계를 풀기 쉽다. 성범죄자

중 면식범의 비율이 높은 만큼 주변인을 경계할 필요가 있다. 친절한 얼굴의 이웃이 언제 범죄자로 돌변해 공격할지 모른다. 특히 혼자 사는 노인들은 더 각별히 조심해야 한다. 만약 가족이나 이웃 중 혼자 사는 노인이 있다면, 주변인을 조심해야 함을 당부하자. 그리고 우리들도 노인들이 안전할 수 있도록 계속해서 관심을 가져야 한다.

범죄 예방에 있어서 중요한 게 있다면 그건 바로 '협력'이다. 서로 힘을 합하여 도와줘야 한다는 뜻이다. 우리는 주위를 돌아봐야 한다. 이제는 노인을 대상으로 한 성범죄도 얼마든지 내 주변에서 일어나고 있다. 노인들은 도움이 필요하다. 우리가 살고 있는 현재는 그들이 일구어낸 결과다. 그들은 존경받아 마땅하다. 그러니 주변의 사회적 약자들을 더 세심히 살피고 그들에게 안전한 방패막이 되어주는 것이 우리의 할 일이 아닐까 생각한다.

PART 5

그루밍 성범죄

01

교육계 그루밍 성범죄

식탁에 둘러앉아 저녁을 먹던 집에서, 초등학교 5학년 아이의 입에서 놀라운 이야기가 나왔다. "엄마, 나 담임 선생님하고 사귀고 있어." 부모는 당황했지만, 어려서 하는 엉뚱한 소리라고 생각했다. "그래, 담임 선생님이 우리 ○○이한테 잘해주시는구나?", "응, 맛있는 것도 사주고 선물도 사줘.", "무슨 선물?", "그냥, 내가 갖고 싶은 거 다." 부모는 심상치 않음을 직감하고 아이의 스마트폰을 확인했다. 거세게 반항해 강제로 빼앗다시피 해 확인한 통화 목록과 메시지를 본 순간 부모는 큰 충격에 빠졌다. 떨리는 목소리로 부모는 아이에게 정말 담임 선생님이냐고 물었다. 메시지의 내용은 도저히 교사와 제자의 대화라고 볼 수 없었다.

사귀는 연인처럼 대화하고 있었고, 온갖 성적인 말과 부적절한 내용이 난무했다. 그러고는 성관계한 사실을 비밀로 하자며 선물을 준 내용이 포함되어 있었다.

자녀에게 이런 이야기를 듣게 된다면 얼마나 끔찍할까. 아이를 가르치고 인도해야 할 교사가 교제 상대라니, 억장이 무너지고 배신감이 들 이야기이다. 옛날에는 이런 이야기를 영화에나 나올 법한 이야기로 생각했는데, 요즘 뉴스를 보면 일상에서 벌어지는 일인 것 같아 안타깝다. 학생을 가르쳐야 할 본분과 사명을 잊고 교제라니, 진정한 교사라고 할 수 있을까? 그들은 무슨 생각으로 채 성숙하지도 않은 아이를 상대로 성범죄를 저지를까?

몇 년 전 포털 사이트 검색 1순위에 오르며 여론을 떠들썩하게 만든 사건이 있다. 교사가 초등학생인 제자와 성관계를 해 물의를 일으킨 사건이다. 교사가 "우리는 사랑하는 사이입니다."라고 말해 화제가 되었다. 만 13세 미만의 미성년자와 성관계를 하면, 당사자가 동의해도 범죄가 된다는 사실을 교사가 몰랐을 리 없다. 알고도 성관계를 맺은 건 명백한 범죄이다.

그뿐만 아니라, 이전에는 남성이 가해자의 중심이었지만, 지금은 반대의 경우도 많다. 여성 교사가 남자 중학생과 성관계를 맺은 것이다. 그러나 이 사건은 중학생이 만 13세 이상이어서 무혐의로 풀려났다. 만 13세라는 기준에 무슨 의미가 있을까? 중학생은 아직 정신적으로, 신체적으로 미숙한 때이다. 이런 문제가 법적으로 개선되지 않으면 앞으로도 피해자는 계속 늘어날 것이며, 많은 아이가 고통에 빠질 것이다.

그루밍 성범죄는 가해자가 피해자를 길들인 뒤 행하는 성범죄로 정의하며, 신뢰 관계를 쌓은 뒤 성적으로 착취하는 유형의 범죄이다. 대부분 어린아이와 청소년이 대상이다. 그리고 이러한 현실은 교육계에도 만연하다. 교사가 학생을 대상으로 한 그루밍 성범죄를 살펴보자.

일단, 학생은 기본적으로 교사의 관심과 칭찬을 받고 싶어 한다. 나도 학교 다닐 때 선생님의 칭찬을 받고 싶어 했고, 칭찬받으면 좋아서 공부도 열심히 했다. 하지만 그루밍 성범죄자는 이런 아이들의 기본적인 욕구를 이용해 성적인 목적을 달성하려 한다. 그리고 성범죄 후에도 관계를 이어 나가기 위해 부모에게 알리겠다고 하거나, 불법 촬영물로 협박도 하며, 이미 신뢰 관계가 형성된 뒤여서 협박 없이 관계를 지속하기도 한다.

한 초등학교 교사는 자신의 반 아이에게 메신저로 사적인 연락을 하며 접근했다. 아이에게 예쁘다고 칭찬하며 친밀한 사이가 된 다음, 성에 대한 호기심을 일으켜 성관계를 맺었다. 그 뒤로도 부모가 선뜻 사주기 힘든 선물을 하고, 하교 후에는 데이트를 하며 지속적인 관계를 이어 나갔다. 그루밍 성범죄의 실체이다.

교사 A씨는 채팅 앱을 통해 13세 미만인 초등학생 B양에게 말을 걸었다. 그러고는 성적인 호기심을 불러일으켜 유인한 뒤, 본인의 차량에서 성관계를 맺었다. 이 사건은 B양의 담임 선생님과의 상담을 통해 밝혀졌고, A씨는 체포되었다.

교육계에서 일어나는 성범죄는 미성년자를 대상으로 하므로 교사의 권력이 작용한다. 그렇다면 어떻게 예방할 수 있을까?

solution 1 **그루밍 성범죄의 존재를 알아야 한다**

그루밍 성범죄 예방은 학생이 그루밍 성범죄의 존재에 대해 알아야 가능하다. 교사에 대한 신뢰는 학생의 학교생활에 무척 중요하지만, 그것이 성범죄에 악용될 수 있음을 충분히 알리자. 나에게만 특별히 친근하게 대하거나, 메신저를 통해 개인적인 이야기를 하고, 성적인 대화를 건다면 충분히 의심할 수 있음을 가르치고, 이런 일이 있을 때는 즉시 부모에게 알리도록 한다.

solution 2 골든타임은 존재한다

연령이 낮을수록 그루밍 성범죄를 인식하지 못한다. 그래서 당하면서도 피해 사실을 모르기도 하고, 알아도 부모에게 알리지 않기도 한다. 가장 중요한 건 부모의 관심이다. 아이와 자주 대화하고, 평소와 달라진 건 없는지 살피자. 모든 범죄는 예방이 최선책이며, 빨리 알고 해결할수록 피해자의 회복이 빠르다.

사실 그루밍 성범죄라는 단어조차 생소한 사람이 많을 것이다. 그래서 나는 그루밍 성범죄에 대해 적극적으로 알리고, 교육하고 있다.

교육계 그루밍 성범죄를 해결하기 위해서는 교사의 윤리적 자질에만 기댈 게 아니라 법의 개선을 통해 엄중한 책임을 물을 때 가능하다. 많은 사람이 그루밍 성범죄의 존재에 대해 알았으면 한다. 그리고 성숙한 시선과 따뜻한 손길로 주변의 아동, 청소년을 바라볼 수 있어야 한다.

02

종교계 그루밍 성범죄

종교는 신도들에게 삶의 희망을 주고, 사회 전반에 선한 영향력을 행사한다. 그러나 종교계에도 그루밍 성범죄는 존재한다. 사실 종교계 성범죄는 어제오늘 일이 아님에도 묵인되어 왔다. 종교계 역시 조직적이고 위계가 있기 때문이다. 그러나 완벽한 범죄는 없다. 종교계 성범죄 또한 미투 운동으로 여실히 드러났다.

종교계는 성범죄 사실이 드러난다고 해도 가해자가 반성의 기미가 없는 특징이 있다. 지도자의 막강한 권력과 세뇌된 신도들 때문이다. 특히 지도자를 신으로 믿는 사이비는 문제가 심각하다. 지도자와의 성관계를 신에게 선택받는 행위라고 생각하거나, 구원의 길이라고 여기기 때문이다. 조직적인 성범죄가 발생해도 자신들의 행동이 정당하다고 믿는다. 그러나 이는 신도들의 삶을 피폐하게 만들고, 종교계 전반에 악영향을 끼친다.

물론 사이비만 해당하는 게 아니다. 이번 미투 운동으로 폭로된 종교계 그루밍 성범죄도 사이비와 다를 바 없는 양상을 띤다. 몇몇 용기 낸 신도들이 지도자의 성범죄를 폭로했으나, 대다수의 신도가 지도자를 두둔했으며, 지도자는 반성의 기미가 없었다. 그렇다면 종교계 지도자들은 어떻게 신도들에게 성범죄를 저지를까?

일단 그들은 자신의 굳건한 지위를 이용해 신도에게 접근한다. 성폭력을 당한 신도들 가운데는 피해 사실을 인지하지만, 감히 지도자를 고발하지 못하거나, 조직 내에서 도태될까 봐 숨긴다. 심각한 경우 선택받은 걸로 여겨 성관계를 감사하게 생각하기도 한다.

그리고 폭로한다고 결과가 좋은 것도 아니다. 이미 지도자를 신뢰하고 지지하는 신도들에 의해 협박과 괴롭힘을 당하기 때문이다. 묵인하도록 압박당하고 살해 위협에 시달리기도 한다. 이런 구조가 지도자의 그루밍 성범죄를 정당화한다.

특히 부모를 따라 어릴 때부터 종교에 발을 들일 경우, 가장 깊숙이 세뇌된다. 세상 사람이 손가락질해도 그에게는 교주가 신인 셈이다. 그래서 성범죄의 고리를 끊어내기가 힘들다.

어느 신흥 종교 지도자 또한, 자신을 하나님의 아들이라 칭하며 새로운 교리를 만들어 이단이 되었다. 그러고는 많은 신도를 포섭하고, 복종을 강요했다. 그러다가 세력이 더 커지자 자신과의 성관계를 통해 구원받을 수 있다며 신도들을 성적으로 착취했다.

인간이 어떻게 신이 될 수 있는지는 나도 모르겠다. 그러나 완벽해 보이는 논리와 절대적인 권위, 그리고 신도들의 절대복종은 종교계 그루밍에 정당성을 부여한다. 어떤 종교에서는 보육원 아이들을 입양해 동자승으로 키우며 상습 성폭행을 저지르기도 하고, 신부가 봉사활동 중에 여성 신도를 감금하고 성폭행하려 한 경우도 있다.

누구에게나 종교적 자유가 있다. 하지만 잘 선택하길 바란다.

인간은 신이 될 수 없다. 지도자가 신격화되어 있다면 의심하자. 또한, 인품이 훌륭한 진정한 지도자라면 당신의 몸을 함부로 만지거나, 희롱하지 않는다. 이런 일이 발생했다면 신고하는 것이 옳다.

03

예체능계 그루밍 성범죄

그루밍 성범죄의 존재가 세상에 알려진 건 미투 운동 덕분이다. 오래전부터 있어 왔지만 드러나지 않았던 성범죄가, 해시태그를 타고 SNS를 통해 폭로되고 실상이 드러난 것이다.

특히 예체능 분야에서 두드러졌다. 권위자, 스승에 의해 진로가 결정되기 때문에 함부로 알릴 수 없는 피해 사실이 철저히 폭로되었다. 실제 미투 운동은 체육계, 문학계, 연극계, 영화계에서 가장 활발했고, 많은 가해자들이 처벌받았다.

체육계 그루밍 성범죄

체육계 그루밍 성범죄를 알기 위해서는 선수들의 생활을 자세히 살펴볼 필요가 있다. 일단 선수들에게는 상하 체계가 엄격하고, 감독과 코치에게 복종하는 분위기가 있다. 훈련은 군대와 흡사하며, 선수끼리도 선후배의 위계질서도 철저하다. 그리고 선수는 어떻게든 지도자의 눈에 띄어야 한다. 이름이라도 한 번 불려야 대회에 출전할 수 있기 때문이다. 즉, 지도자에 의해 선수 생활의 존폐가 달렸다.

선수 생활을 일찍 시작하는 것도 특징이다. 우리나라는 보통 영유아기부터 운동을 시작해 청소년기에는 본격적으로 선수 생활을 시작하거나 체육 전공을 준비한다. 학교에 다니는 또래들과는 전혀 다른 삶을 사는 것이다.

이렇게 어린 나이에 선수 생활을 시작할 때는 반드시 좋은 지도자를 만나야 한다. 지도자의 경험과 노하우, 실전 경험, 체육인으로서의 태도가 선수들에게 많은 영향을 끼치기 때문이다. 선수로서의 삶은 만만치 않다. 꿈을 향해 일찍부터 힘든 길을 가는 선수에게 지도자의 진정성 있는 가르침은 매우 중요하다.

이런 특수한 현실에서, 지도자를 잘못 만난다면? 지도자에게 성폭행을 당한다면? 선수 생활에 치명타를 입을뿐더러, 인간적으로도 큰 상처를 받을 것이다.

최근 미투 운동으로 밝혀진 사건만 봐도 그렇다. 체육계 성폭력을 고발한 선수는 모두 미성년자일 때부터 상습적으로 당해왔음을 알리며, 자신의 꿈을 위해 그간 고발할 수 없었다고 증언했다. 그리고 선수의 좋은 성적에 가해자들은 뻔뻔하게 웃었다. 그들의 만행이 제자의 성적에 가려진 것이다. 선수들의 용기 있는 폭로가 없었더라면, 가해자는 꿈나무들의 우상이 되었을 테고, 성폭력은 반복되었을 것이다.

결과만 좋으면 된다는 체육계 풍조가 계속되는 한, 체육계 성범죄는 근절될 수 없다.

어린 선수를 노리는 지도자

체육계 그루밍 성범죄가 드러나지 않는 이유는, 지도자에 의해 선수로서의 모든 게 결정되기 때문이다. 지도자에게 밉보이면 선수는 대회에도 출전하지 못한다. 그렇다면 체육계 성범죄는 어떻게 이루어질까?

체육계 성범죄는 보통 합숙이나 전지훈련 중 숙소에서 발생한다. 보통 모텔을 빌려 합숙하는데, 성범죄자는 이런 때를 놓치지 않는다. 자신의 방에 어린 선수를 불러 마사지를 시키거나, 자세를 교정해준다며 상습적으로 추행하고, 청소 같은 허드렛일을 핑계로 불러 성폭행하기도 한다. 그러나 선수들은 침묵할 수밖에 없다. 그에게 자신의 선수 생명이 달려 있기 때문이다.

또한, 체육계 성범죄가 선수들에게만 일어나는 건 아니다. 방과 후 체육 학원에 다니는 아동들도 범행 대상이 된다. 신체 접촉을 피할 수 없기 때문이다. 불순한 의도를 가진 지도자는 아이들에게 불필요한 접촉을 하고, 성적 쾌락을 얻는다. 문제는 아이들이 이것을 성범죄라 인식하지 못하는 데에 있다.

○○○학교 체육부 코치 A씨는 선수들에게 엄하기로 유명했다. 훈련도 혹독했으며, 잘못하면 단체 기합도 마다하지 않았다. 그러나 좋은 지도자는 아니었다. 성범죄자였기 때문이다. 그는 여자 선수들에게 불필요한 접촉을 하고 성적 쾌락을 느껴왔다. 선수들은 모두 이 사실을 알고 있었지만 침묵했다. 그러던 어느 날, 전지훈련을 위해 지방의 한 모텔에 단체 투숙하게 되었고, A씨는 한 선수를 불러 성폭행했다.

최근 그루밍 성범죄에 대한 인식률이 높아지면서, 예방 교육 강의가 많아지고 있다. 그루밍 성범죄의 존재가 조금씩 알려지고 있다는 뜻이다. 사람들의 관심이 많을수록 범죄는 예방된다.

04

디지털 그루밍 성범죄

대한민국은 인터넷 강국이다. 클릭 한 번으로 쇼핑을 할 수 있고, 여행, 구직 등 원하는 정보를 쉽게 얻을 수도 있다. 정보를 얻는데 시간과 장소의 제한이 없다.

그러나 인터넷을 통해 불특정 다수에게 사생활이 노출되거나 유출된 개인 정보로 불법적인 일에 엮이는 끔찍한 일도 흔하게 일어나고 있다. 불법 촬영물은 너무도 쉽게 퍼지며, 다운로드 한 번이면 볼 수 있어 성범죄를 이용한 산업도 꾸준히 성장 중이다. 또한 온라인으로 성적 학대나 희롱, 괴롭힘을 당하기도 하며, 실제로 만나 성폭력을 당하는 일 또한 많다.

인터넷을 이용할 때는 개인 정보가 노출될 수 있고, 노출된 개인 정보가 언제든 악용될 수 있으므로 주의해야 한다. 온라인 상에서 활동하는 성범죄자들 또한 수단과 방법을 가리지 않는다. 그렇다면 디지털 성범죄자들은 어떤 사람이며 어떻게 대상을 고르고 접근할까?

디지털 성범죄자들이란?

시대의 변화에 따라 디지털 성범죄 또한 증가 추세이다. 당연하다. 온라인 공간에서의 소통이 늘어난 만큼, 그 지점을 지능적으로 이용하는 성범죄자도 많으니 말이다.

내가 관리하는 한 대상자도 디지털 성폭력을 당했다고 했다. 소위 '몸캠피싱'이라고 불리는 디지털 성범죄였다. 몸캠피싱은 화상 앱 등에서 성적호기심을 자극해 신체 노출 및 음란한 행위를 유도하고, 해당 장면을 촬영한 뒤 피해 대상의 휴대폰을 해킹해 지인들에게 영상을 유포하겠다고 협박하는 수법이다. 영상 유포를 빌미로 피해자에게 수백만 원을 요구하고, 이에 응하지 않으면 지인 중 일부에게 먼저 유포해 겁을 준 뒤 돈을 받아내기도 한다. 내가 관리하는 대상자는 같은 방식으로 피해를 당한 후 너무 놀라 경찰에 신고했지만, 아직까지도 가해자를 찾지 못했다. 그리고 해당 수법도 여전히 성행하고 있다. 그렇다면 아동과 청소년을 대상으로 한 디지털 성범죄는 어떻게 행해질까?

대표적인 디지털 성범죄 사건이 있다. 바로 2020년, 전 국민을 충격에 빠뜨린 '텔레그램 N번방·박사방 사건'이다. 가해자들은 텔레그램, 라인 등 메신저 앱을 이용하여 피해자들을 유인한 뒤 협박해 성 착취물을 찍게 하고 이를 유포했다. 2020년 12월, 수사 종료 시점에서 확인된 피해자는 총 1154명이며, 대다수는 중학생 등 미성년자였다. 범죄 가담자 규모는 2020년 3월 경찰 발표 기준, 영상 소지·배포자를 포함해 최소 6만 명 이상이다. 사건이 보도되자 국민들은 경악을 금치 못했다. 이전까지는 접하지 못했던 유형의 성범죄 사건이었기 때문이다. 하지만 제2, 제3의 N번방·박사방 사건은 언제든 다시 일어날 수 있다. 디지털 성범죄자들은 이 같은 수법을 많이 이용하기 때문이다.

디지털 성범죄자들은 주로 오픈 채팅방을 이용한다, 지역별, 나이별로 나뉜 채팅방에서 10대 방 등에 접속해 청소년들을 꾀어내는 것이다. 조건만남 앱도 그들에게는 좋은 수단이 된다. 앱 자체가 성매매에 목적을 둔 경우가 많아, 마땅한 돈벌이가 없는 가출 청소년을 꾀어내기 좋은 수단이기 때문이다. 성범죄자들은 이런 청소년을 꾀어 성매매를 하거나, 성폭행 후 으름장을 놓으며 부모님이나 친구들에게 알리겠다며 협박한다.

디지털 성범죄가 그루밍 성범죄로 이어지는 것도 너무 쉽다. 조건만남 앱이나 오픈 채팅방을 통해 미성년자를 만나, 친분을 쌓고 지속해서 성적으로 착취하는 것이다. 이들은 온라인을 통해 일대일로 대화하며 쉽게 아이들의 환심을 산다. 의외로 청소년들도 평소 부모가 사주지 않는 고가의 선물을 받으면 마음의 문을 쉽게 연다.

요즘은 일찍부터 컴퓨터와 스마트폰을 사용하기 때문에, 부모의 눈길이 닿지 않는 온라인을 통해 범죄를 당하는 경우가 많다. 자녀의 사생활을 일일이 확인하고 간섭할 수는 없다. 그러나 예방할 방법은 있다. 앞서 이야기했듯이, 평소 자녀에게 그루밍 성범죄에 대해 알려주고, 인지시키는 것이다.

그리고 불특정한 사람과 만날 수 있는 유해 앱을 차단하자. '내 아이는 이런 데에 관심 있을 애가 아니야.'라고 생각하지 말라. 모든 아이는 호기심이 있다. 사전에 차단하지 않으면 한순간에 범죄에 노출되는 게 아이들이다. 그리고 스마트폰에 대해 다시 한번 생각해보자. 스마트폰 없이 살 수 없는 세상 같지만, 아이들에게 너무 많은 세상을 보여주는 기기는 아닐지 말이다.

05

심리 상담실의 그루밍 성범죄

양의 탈을 쓴 늑대를 본 적이 있는가? 나는 그루밍 성범죄자들을 보면 딱 양의 탈을 쓴 늑대가 생각난다. 약자들에게 천사처럼 다가와, 뒤에서는 파렴치한 행동을 서슴없이 하는 자들 말이다.

얼마 전, 성폭력을 당해 극심한 우울증과 무기력증을 치료하기 위해 찾아온 내담자를 성폭행한 유명 심리센터의 상담사가 있었다. 정신적으로 쇠약해진 내담자를, 성관계를 통해 치료할 수 있다며 꾀어낸 것이다. 상담 자체가 밀실에서 비밀리에 이루어진다는 특성을 이용한 그루밍 성범죄이다.

보통 그루밍 성범죄는 아동이나 청소년들이 당한다고 생각하지만, 이런 경우에는 마음의 치료가 필요한 약자가 대상이 된다.

그들은 성폭력 피해자, 어린아이, 청소년, 고령의 여성 등을 구분하지 않는다. 이들은 자신과 성관계를 해야 마음의 병이 치유된다고 속이며 복종하게 하고, 동영상으로 찍어 협박해 발설치 못하게 한다.

성폭력 피해자들이 겪는 고통

성폭력 피해자들이 겪는 고통은 말로 표현할 수 없다. 내가 그들의 고통을 대변할 수는 없지만, 이 일을 업으로 삼고 있는 이상 그들의 고통을 무시할 수는 없다. 깊이 통감한다.

내가 관리하는 대상자들은 수법이 잔인해 피해자들의 고통이 상당히 크다. 어린아이의 경우 신체 일부가 훼손되거나 생식기가 파열되기도 했다. 이런 피해를 본 아이와 부모는 정신적 충격과 함께 신체적 장애를 안고 살아갈 준비까지 해야 하는 고통이 따른다.

성인도 마찬가지이다. 성폭력을 당한다는 건 상해가 동반한다는 뜻이다. 그들은 보통 성폭행과 함께 무자비한 폭행을 당하고, 흉기로 인해 다치기도 한다. 그래서 정신적 충격을 받으며, 오랜 시간 트라우마를 안고 살아간다.

성폭행을 당하면 피해자는 우선 큰 충격과 혼란에 빠진다. 그러고는 피해 사실을 인정하고 싶지 않아, 현실을 망각하거나 불신한다. 우울증과 무기력증에 빠지기도 한다. 성적 수치심과 죄책감에 시달리다 집에 틀어박혀 외톨이로 살아가거나, 자살을 기도하기도 하며, 가해자에 대한 극심한 분노로 주변 사람을 괴롭히기도 한다.

물론, 주변의 적극적인 도움과 보살핌, 본인의 강한 의지로 정상적인 생활로 돌아온 사람도 있다. 그러나 이들조차 새로운 사람을 만나 평범한 가정을 꾸릴 수 있을지, 남들처럼 건강하게 살아갈 수 있을지에 대한 의구심이 든다고 한다.

성폭행 사건이 끊이지 않는 세상이다. 그러나 대한민국은 가해자보다 피해자가 숨어 지내는 일이 많다. 피해자는 울고 가해자는 웃는 세상이 되어 버린 것 같다. 한 대상자의 말에 직업적 회의감이 든 적이 있다. 그는 주거 침입 성범죄로 형기를 마치고 전자발찌를 부착한 상태였는데, 새사람이 되겠다는 의지와 반성은커녕 피해자를 비난하고 원망하기만 했다. 강제적이기는 했지만, 여성도 분명히 자신과의 성관계를 원하고, 개방적인 태도를 보였다는 것이다. 그의 뻔뻔한 착각에 가슴이 먹먹하고, 분노가 차올랐다.

누구도 피해자를 비난할 수 없다. 피해를 보고 싶어 본 사람이 어디에 있을까. "당할 만하니 당하지."라는 말이 가장 슬프다. 특히 가해자가 이렇게 말한다면 용납이 안 된다.

우리는 한 번쯤 고민해봐야 한다. 피해자를 어떻게 바라보고 있는지 말이다. 성폭력 피해자가 겪는 불이익은 생각보다 많다. 특히 직장에서 성추행을 고발한 뒤 회사의 이미지를 실추했다며 해고 통지를 받는 일은 비일비재하다. 회사의 이미지 추락은 과연 성폭력 가해자가 시킨 걸까, 피해자가 시킨 걸까? 말도 안 되는 변명이다.

주변의 시선 또한 싸늘하다 못해 잔인하기까지 하다. 피해 사실을 피해자가 입증해야 하는 세상이다. 그래서 대부분의 가해자는 증거불충분으로 풀려나며, 피해자는 꽃뱀이라는 말을 들으며 또다시 편견과 싸워야 한다. 피해자를 동정하고 연민하라는 게 아니다. 그러나 적어도 비난하고 욕하지 않았으면 좋겠다. 모두 당신에게 돌아올 화살이라는 걸 알았으면 한다.

성폭력에 대한 기사만 봐도 현실을 알 수 있다. 가해자에 대한 비판이 압도적이지만, 피해자를 비난하는 댓글도 많다. "그렇게 입고 다니니 당하지.", "같이 모텔에 들어갔으면 합의한 거 아니야?", "술집에서 일한다니 당해도 할 말 없지."와 같은 댓글들은 모두 2차 가해이며, 디지털 폭력이다.

게다가 그루밍 성범죄는 군용 스텔스기와 같다. 상대의 레이더망에 걸리지 않는 스텔스기처럼 아무도 모르게 성범죄가 발생하기 때문이다.

너무 은밀하게 이루어지는 그루밍 성범죄에 대적하기 위해서는 대한민국 헌법을 개선하고 교육계가 성범죄 예방 교육에 적극적일 필요가 있다. 성범죄 형량을 높이고, 성범죄 전과가 있는 자는 절대 아동을 대상으로 하는 일에 종사할 수 없도록 해야 한다. 상담사 또한 내담자와 2년 안에는 성관계를 하면 안 되는 기준이 있지만, 강제성이 없어 유명무실한 처지이다.

PART 6

나이대별 성범죄

01

영유아기 자녀를 둔 부모들에게

내가 관리하는 대상자 중에도 아동 성범죄자가 있다. 오랜 시간 그들을 관리하며 느낀 건, 외형적인 모습으로는 그들의 실체를 알 수 없다는 점이다. 용모, 신체 조건, 특이 습관 그 어떤 것으로도 그가 아동 성범죄자라는 것을 추정할 수 없다.

성범죄자의 얼굴이 공개되면 사람들은 “눈빛부터가 날카롭고 심상치가 않네.”, “관상은 과학이라니까. 저렇게 생겼으니 범죄를 저지르지.”라고 말한다. 그러나 이는 범죄 사실을 알고 보기 때문이다. 이들 대부분은 주변인에게 “평소 좋은 사람이었다.”라는 평가를 받았다.

그러나 아동 성범죄자들도 공통점은 있다. 바로 아동의 심리를 잘 안다는 점이다. 면식범은 보통 친인척, 이웃, 친구의 자녀를, 놀이터나 등하굣길, 공원 등에 혼자 있을 때를 노렸다. 평소 신뢰 관계를 쌓아오다가 과자나 사탕, 부모님의 심부름, 도움 요청 등의 수법으로 꾀어낸 것이다.

면식범이 아닌 경우에는 단순하게 혼자 있는 아이를 노렸다. 특히 또래와 어울리지 못하는 아이일수록 범행 대상이 되는데, 조금만 친절하게 말을 걸고 놀아주면 금방 손을 잡고 따라나선다는 걸 잘 알기 때문이다. 사탕이나 쿠키를 동봉한 설문지를 내밀어 말을 거는 수법도 있으며, 부탁을 거절하는 아이에게는 끈질기게 도움을 요청해 목적을 달성하기도 한다. 이들의 치밀함에 아이들은 속수무책으로 당할 수밖에 없다.

어린 자녀를 둔 부모가 알아야 할 것

아동 성범죄를 예방하기 위해서는 자녀의 자립심을 키워주는 게 우선이다. 부모를 포함한 주변 어른들이 언제든 지켜봐 줄 수 있다면 좋겠지만, 그럴 수는 없다. 아이들에게 구체적으로 무엇을, 어떻게 교육해야 하는가?

첫째, 부모 교육이 우선이다.

시대가 바뀌었다. 옛날처럼 "낯선 사람 조심해라." 정도로만 교육해서는 절대 내 아이를 지킬 수 없다. 게다가 성범죄 연령이 낮아지는 추세이다. 내 아이가 안전하게 지내고 있으리라 생각하는 장소에서 어떤 일이 벌어지고 있을지 예상할 수 없다. 성범죄의 현실을 잘 아는 부모가 되어야 한다.

내 몸을 소중히 여길 수 있도록 성교육에도 적극적일 것을 권한다. 누구의 몸도 허락 없이 만질 수 없듯이, 아동도 마찬가지이다. 이런 교육을 받지 못하면, 아이는 어른의 낯선 손길을 뿌리치지 못하거나, 범죄 사실을 인지하지 못한다. 어른들이 예쁘다고 아이의 볼을 만졌을 때, 아이가 싫어한다면 어른이 "너를 예뻐해서 그런 거야." 하고 수긍하게 하지 말고, 단호히 만지지 말라고 이야기해 주어야 한다. 아이 스스로도 싫다고 말할 수 있도록 가르쳐야 한다. 이러한 사소한 교육이 성범죄를 예방한다.

또한, "어려운 사람이 있으면 도와야지.", "어른들 말 잘 들어야지."라는 말은 이제 미덕이 아니다. 힘이 약하고 판단력이 없는 아이가 길에서 만난 어른을 도울 일은 없다고 가르치자. 끈질기게 도움을 요청하면 경계하도록 하고, 조금이라도 이상한 느낌이

들면 곧바로 자리를 피하라고 하자. 세상에는 나쁜 어른도 많음을 알려주어야 한다. 현실에 맞는 성교육과 성폭력 예방법을 알아둘 필요가 있다.

둘째, 아이와 신뢰 관계를 쌓자.

부모들의 대표적인 착각은 '내 아이는 말도 잘 듣고 착해.'이다. 부모의 말에 순종하고 착한 것이 부모와 자식 간의 관계가 좋다는 걸 의미할까? 그렇지 않다. 정말 부모와 관계가 좋은 아이도 있지만, 부모에게 이야기해도 해결되는 것이 없다고 느끼거나, 말해봤자 타박만 듣는다고 생각하면 아이들은 겉으로만 말을 잘 듣는 척한다. 이런 아이들은 성범죄를 당해도 부모에게 털어놓지 않는다. 실제로 지속적인 성범죄를 당해온 아이의 부모를 만나보면, "우리 아이가 그런 일을 당하고 있는지 전혀 몰랐어요. 평소처럼 웃으면서 학교도 잘 다녔어요."라고 말한다. 그러나 아이는 부모에게 혼날까 봐 말하지 못했다고 한다.

아이가 힘든 일이 있을 때 믿고 기댈 사람은 부모뿐이다. 진정으로 가족 간에 신뢰가 두터운 집은, 아이가 피해 사실을 숨기지 않으며, 부모도 적극적으로 대응해 아이를 보살핀다. 부모와 자녀의 관계가 좋은 것이 성범죄 예방의 핵심이다.

셋째, 상황극을 하자.

사실 성폭력 예방 영상을 보여주고, 아이에게 대처 방법을 물어보면 말은 잘한다. 그러면 부모는 '내 아이가 대처 방법을 잘 알고 있구나.'하고 안심한다. 그러나 현실은 다르다. 낯선 사람이라도 놀아주고 선물을 주면 아이들은 마음의 문을 활짝 열며, 아는 사람이라면 더욱 의심 없이 따라간다. "엄마가 데리러 오라셨어.", "강아지가 아픈데 같이 가줄래?" 등의 이야기를 하면 당해낼 재간이 없다. 그리고 의심이 많고 안전 교육을 잘 받은 아이라도 끈질기게 요청하면 '진짜인가?' 싶어 따라나서기도 한다.

상황극으로 실전 연습을 하자. 학교, 길거리, 마트, 아파트 단지, 놀이터 등 일상적인 장소를 고른 다음, 상황에 맞춰 연출하는 것이다. 엘리베이터 버튼을 직접 눌러보게 하고, 자주 다니는 길에서 조심할 곳을 알려주고, 도망칠 수 있는 경로를 알려주자. 실전 연습을 하고 안 하고는 천지 차이이다.

앞서 다룬 내용이지만, 아동 성범죄에 대해서는 여러 번 이야기해도 지나침이 없다. 범죄를 예방하기 위해서는 많은 사람의 관심이 필요하다.

02

청소년기 자녀를 둔 부모들에게

청소년 성범죄가 날로 증가하고 있다. 수법은 지능적이고, 접근 방식은 치밀하다. 그런데 왜 이렇게 청소년 성범죄가 급증한 걸까? 그냥 청소년을 대상으로 하는 성범죄율이 높아진 걸까, 신고하는 사람이 많아진 걸까?

내가 보았을 때는 '성범죄 친고죄'가 폐지되었기 때문이다. 2013년 이전의 모든 성범죄는 친고죄였다. 피해자가 가해자의 처벌을 원치 않으면 고소가 취하되었다. 생각해보면 피해자들에게 너무 가혹한 일 같다. 권력이나 돈으로 회유당하거나, 보복성 협박이 가능했기 때문이다. 실제로 미성년자인 자녀가 성폭행을 당했을 때, 돈을 받고 고소를 취하하는 부모도 있었으며, 지위를 악용한 압박에 시달리는 사례도 있었다. 수많은 성범죄가 그렇게 감추어져 왔다.

그러나 지금은 다르다. 2013년 6월 19일부로 '성폭력 범죄 처벌 등에 관한 특례법'과 '아동·청소년의 성 보호에 관한 법률'이 개정되며 모든 성범죄의 친고죄가 폐지되었기 때문이다. 이제는 피해자의 고소 없이도 형사 사건 진행이 가능해, 신고하면 처벌이 가능해졌다.

청소년 성범죄를 접할 때마다 너무 마음이 아프다. 내가 이러한데, 그 부모는 오죽할까. 아직은 대한민국을 법치국가라고 하기 이르다. 아직도 권력과 위력에 의해 가해자들이 솜방망이 처벌을 받는 세상이기 때문이다. 피해자들을 두 번 울리는 셈이다. 하루빨리, 피해자들이 당당하게 웃을 수 있는 법안이 발효되어 안전한 국가가 되었으면 한다.

그렇다면 청소년 자녀를 둔 부모는 어떻게 성범죄를 예방할 수 있을까? 가만히 앉아 사건·사고 소식을 듣고 한숨만 쉬고 있다면 정신 차려야 한다. 지피지기이면 백전백승이다. 적을 알아야 한다. 내가 관리하는 대상자 대부분이 특수 범죄자들이다. 단순 성희롱이나 성추행에 그치지 않고, 흉기를 사용하거나, 둘 이상이 가담하거나, 상해를 입히는 등 잔혹한 성범죄를 저지른 범죄자들이다. 이런 성범죄자들이 당신의 자녀를 노리지 않으리란 법이 없다.

청소년도 면식범에게 많이 당한다. 평소 알고 지내는 어른부터 또래 친구까지 다양하다. 특히 청소년이 자주 출입하는 곳에 있는 어른이 성범죄자인 경우가 많다. 교사, 학원 원장, 아파트 경비원, 이웃 등이 해당한다. 평소 자녀와의 친분을 과시하고 다니거나, 자녀에게 일대일로 만나자는 사람이 있다면 의심하라. 자녀와 전화번호를 교환하고, SNS로 연락하는 어른이 있다면 의심하라. 특히, 자녀의 휴대폰에서 "너 오늘 참 예쁘다. 내일은 더 예쁘게 하고 와.", "우리 끝나고 같이 밥 먹자.", "우리 내일 뭐 할까?" 같은 메시지를 발견했다면 강하게 의심하라. 전형적인 그루밍 성범죄이다.

사이버 공간에 대해서도 부모가 알아야 한다. 부모가 알지 못하는 자녀들의 세계가 사이버 공간에는 가득하다. 청소년이 많이 하는 게임부터 채팅방, SNS 모두 성범죄자를 만날 수 있는 루트가 된다. 성범죄자의 접근 방식은 날로 교묘해지고 있다. 부모는 아이가 어떤 게임을 즐겨 하는지, 스마트폰 사용 후 우울해하는 등 이상 징후는 없는지 관찰해야 한다.

성범죄자는 아주 가까이에 있다

가장 무서운 적은 가장 가까이에 있다고 했던가. 요즘 두드러지는 청소년 성범죄 문제 중 하나는, 가해자가 또래라는 것이다. 가해자도 그들의 가정과 사회에서 보호를 받는 청소년이라니, 안타깝다.

최근 충격을 받은 사건이 있는데, 바로 남자 초등학생들이 또래 친구 한 명을 집단 성폭행한 사건이다. 잔혹한 성범죄를 꾸준히 접해왔음에도 불구하고, 충격에 가슴이 먹먹해지기까지 했다. 어떻게 성범죄가 초등학생 사이에도 벌어질 수 있을까, 게다가 집단으로 말이다. 미성년자는 집단으로 성폭행을 저지르는 특징이 있다. '내 잘못만 있는 건 아니야.'라고 생각하며, 친구들과 죗값을 똑같이 나누면 된다고 단순하게 생각한다. 그러나 가중처벌을 모르고 하는 말이다. 집단 행위는 가중처벌 대상 범죄이다. 또한, 집단 성폭행의 이유에는 친구들과의 의리, 영웅 심리 등이 내포되어 있다. 친구에게 꿀리기 싫고, 자존심 세우고 싶은 감정들이 성폭행 가담자로 만든다.

또래끼리의 성범죄는 가혹하다. 소변을 보는 모습을 몰래 촬영하는 행위, SNS로 음란 메시지를 보내는 행위, 생식기 사진을 찍거나 자위행위를 강요해 촬영하는 행위, 성관계 강요 등이 동급생 사이에서 많이 발생한다.

성인을 대상으로 성매매를 알선하는 청소년도 있다. 조건만남 앱으로 성인을 유인해 성매매를 알선하거나, 돈을 빼앗는다. 어리고 미숙해 보호를 받아야 할 청소년의 모습이라기보다 잔혹한 성범죄자의 모습에 가깝다.

이런 사건들이 연일 방송되며 소년법 폐지까지 거론될 정도로 국민들의 분노가 치솟고 있다. 나도 청소년 범죄에 대한 처벌이 강화되어야 한다고 생각한다. 자신의 범죄에 대한 죗값을 치러본 적 없는 청소년이 제대로 된 성인으로 자랄 리 없다.

이러한 사실을 토대로 부모는 늘 경각심을 가져야 한다. 아이가 SNS를 자주 하며 낯빛이 어둡고, 자해하거나, 몸에 상처가 있는 등 평소와 다른 게 있다면 반드시 살펴야 한다. 부모는 자녀의 절대적인 편이자 절대적 교육자이다.

03

20대 미혼 여성들에게

20대로 특정했지만, 젊은 여성들에게 알려주고 싶은 이야기가 있다. 나는 오래전부터 수많은 사건·사고의 주인공들을 만났다. 그러면서 20대의 젊은 여성들이 얼마나 큰 피해를 보고, 범행 대상이 되는지를 보았다. 그리고 피해 후 겪는 고통도 보았다. 성범죄에 대해 경각심을 갖고 당신에게도 닥칠 수 있는 일이라 생각했으면 한다.

대한민국은 정말 안전한 국가인가? 치안이 좋기는 하지만, 성범죄는 매일 일어나고 있다. 언론에서 공개한 사건은 총 성범죄의 10%도 안 되며, 이조차 잔혹하기 짝이 없는 사건만 공개된다. "에이, 나는 괜찮아. 설마 나한테 그런 일이 일어나겠어?'라는 생각부터 버렸으면 한다. 목숨까지 잃은 피해자도 대부분 평범한 사람이며, 평범한 일상을 살다가 당했다. 대한민국의 치안이 좋기는 하지만, 그건 범죄율을 따져보았을 때 종합적으로 안전하다는 말이지, 성범죄율이 낮다는 말은 아니다. 그렇다면 20대 여성들은 어떻게 범행 대상이 되는가?

당신이 취업 준비생이든, 대학생이든, 사회 초년생이든 각별히 조심할 것이 있다. 바로 술이다. 당신이 술을 마시지 않는 사람이라면 좋겠지만, 성년이 되면 누구든 술을 마실 수 있으며, 술자리 분위기에 흠뻑 빠질 수도 있다.

그러나 과도한 음주는 삼가자. 정신을 잃어 지구대 의자에 앉아 깨어날 수도 있고, 두통과 함께 전날의 기억이 송두리째 날아가 있을 수도 있다. 물론 이 정도로 끝나면 큰 문제가 없다. 문제는 과도하게 술을 마시고 신변의 위협을 느낄 수 있다는 데에 있다. 현실은 냉혹하다. 성범죄자들은 비틀거리며 집에 혼자 걸어가는 여성을 지나치지 않는다. 천천히 따라가 당신이 현관문을 여는 순간, 덮쳐올 수도 있다. 당신은 술에 취한 상태라 거부하기도 힘들고, 소리 한 번 제대로 지를 수 없을 것이다.

또 이들은 술에 취해 길바닥에 누워 있는 여성을 가만두지 않는다. 오래전 일이다. 전자발찌 대상자를 귀가시키려 함께 대학로를 향해 걷고 있는데, 한 여성이 술에 취해 전봇대 옆에 누워 있었다. 아무리 깨워보아도 횡설수설할 뿐이었다. 결국 경찰에 신고해 안전하게 귀가시켰다. 혹시 내가 그 자리에 없었더라면? 무방비 상태의 여성은 그 자체로 위험하다.

술을 즐길 수는 있다. 그러나 언제나 경각심을 갖길 바란다. 슬프지만, 술에 취했다는 이유 하나로 성범죄의 대상이 될 수 있는 세상이다.

당신의 밤은 안전한가?

대한민국은 전 세계에서 인정할 만큼 밤 문화가 발달했다. 밤에도 다양한 먹거리와 놀거리를 즐길 수 있다. 거리의 조명은 새벽까지 꺼질 줄 모른다. 그래서일까? 내가 보기에는 너무 많은 여성이 경각심 없이 밤거리를 활보하는 것 같다. 여성이라고 밤 문화를 즐길 수 없다는 게 아니다. 그러나 다음 통계를 보자.

2020년 검찰청 통계에 따르면 성범죄는 30,105건 발생했다. 이 가운데 밤에 발생한 성범죄는 43.3%, 오후에 발생한 성범죄는 23.3%에 달했다. 즉, 성범죄는 낮보다 밤에 더 많이 발생한다.

20대 여성분들이여, 안전하게 귀가하자. 안타깝지만 성범죄자는 밤에 혼자 걷는 여성, 술에 취해 있는 혼자 있는 여성을 놓치지 않는다. 게다가 밤에 벌어지는 성범죄는 잔혹하기까지 하다. 되도록 혼자 다니지 말고, 술을 마셨다면 가족에게 마중 나오라고 하거나, 정부 안전 시스템을 적극적으로 이용하자.

당신의 남자친구는 안전한가?

당신이 사랑하는 남자친구와 성관계를 한다면, 거절해야 할 게 있다. 바로 성관계 영상 촬영이다.

성격 차이로 헤어진 20대 연인이 있었다. 그러나 남자는 미련이 남아 여자에게 계속 만나자고 애원했고, 여자는 관계를 확실히 정리할 생각에 마지막이라고 생각하고 술자리를 가졌다. 그리고 여자는 술자리 후 남자의 자취방에서 합의 하에 성관계를 했다. 문제는 다음 날이었다. 남자가 "너는 이제 나를 벗어날 수 없어."라며 의미심장하게 말한 것이다. 여자의 추궁 끝에 남자는 몰래 성관계 영상을 촬영했음을 밝혔고, 그렇게 여자는 동영상을 빌미로 지속적으로 괴롭힘을 당했다.

성관계를 몰래 촬영 당하든, 합의해서 촬영하든 문제가 될 수 있다. 만약 당신의 남자친구가 동영상 촬영을 제안한다면 단호하게 거절하고, 그 남자를 떠나길 바란다. 사랑하는 마음에 그리고 호기심에 촬영한 영상이 헤어진 후에는 어떻게 사용될지 모른다. 범죄에 사용될 모든 가능성을 차단하는 것이 좋다. 그리고 만약 불법 촬영된 동영상이 인터넷에 퍼지게 된다면? 당신은 피해자이다. 즉시 신고해 조치를 취하는 게 좋다.

20대의 젊은 여성들이 다양한 성범죄에 노출되는 것을 보았다. 예방이 최선이다. 경각심을 가지면 얼마든지 범죄에서 벗어날 수 있음을 명심하자.

04

30대 직장인 여성들에게

직장인에게 일어나는 성범죄는 권력과 지위를 이용한 경우가 많다. 그래서 범죄가 묵인되고 가려지며, 피해자는 오히려 기업이나 기관의 이미지를 깎아내린 직원으로 낙인찍힌다. 가해자보다 더 가해자 같은 취급을 받게 되는 것이 직장 내 성폭력의 현실이다.

여성 직장인이 회사에서 가장 싫어하는 시간 1위는 회식이다. 물론 요즘에는 남성도 예외가 아니다. 업무 시간과 개인 시간을 철저히 분리하는 요즘 세대의 공통적 생각일 것이다. 게다가 "업무 시간 이후의 회식 시간을 초과 근무로 인정해야 한다."는 의견도 심심치 않게 들린다.

그러나 여성 직장인이 회식을 싫어하는 이유는 하나 더 있다. 바로 성범죄 발생 때문이다. 실제 직장 내 성희롱 발생 장소 2위가 회식 장소이다. 요즘에는 회식 문화가 바뀌어 강제성이 없거나, 술을 많이 마시는 분위기도 아니지만, 그래도 성범죄는 일어난다. 그리고 여전히 강제적 참여와 음주 권유가 존재하는 곳이 많다.

회식 자리에서의 성희롱이란 "술은 여자가 따라야지.", "여직원들은 보내고 남자들끼리 좋은 데 가자." 같은 발언이나, 여성 직원의 외모와 옷차림에 대한 평가, 사생활에 대한 언급, 옆자리 앉기 강요 등의 불필요한 성 접촉 등이 해당한다. 그리고 가해자 중에는 이런 발언과 행위가 성희롱인지 인식하지 못하는 사람도 많다.

그다음 성범죄 발생률이 높은 곳이 회식 후 노래방이다. 신체 접촉이 쉽게 일어나는 곳이기 때문이다. 직장 내 상습적 성희롱, 성추행 진정 접수는 꾸준히 증가하고 있다.

물론 직장이라고 잔혹한 성범죄가 없는 건 아니다. 몇 해 전에도 한 연예인이 비즈니스 관계인 여성 제작진을 성추행, 성폭행해 집행유예를 받은 사건이 있었다. 자택에서, 술을 마신 후 발생한 사건으로 직장 내 성폭행 사건도 비슷한 양상을 보인다. 회식 후 2차 장소에서 잔혹한 범죄로까지 이어지는 것이다.

내가 관리하는 대상자들 가운데, 직장 내 성폭력을 이유로 전자발찌를 부착한 사람은 한 명도 없다. 직장 내에서 발생하지만, 그 범죄 수위가 잔혹해 특수 범죄로 처리되기 때문이다. 그리고 직장 내 성범죄가 강력 범죄로까지 이어지는 건 1박 워크숍이나 야유회에서 가장 많다. 실제로 신입 여직원을 여러 명의 직원이 강간한 사건도 있었다. 극단적인 예 같지만 실제로 벌어지는 일이다.

사람이 많은 공간에서는 성범죄가 잘 일어나지 않는다. 성범죄는 단둘이 있을 때 가장 많이 일어난다. 만약, 회사에서 누군가 단둘이 있기를 청한다면, 당신은 경각심을 갖고 대비해라. 혼자 있을 때 가장 위험하며, 가해자가 당신보다 지위가 높은 사람이라면 긴 싸움을 해나가야 할지 모른다.

사내에서 지위가 높은 사람일수록 처벌 수위가 약한 것이 현실이다. 그들은 가벼운 징계를 받고 제기해 다시 그 자리에 앉는다. 결국 가해자와 계속 일을 해야 하는 피해자는 천천히 일을 그만두게 된다.

하지만 성폭력을 묵인하고, 이런 현실에 수긍하지 말았으면 한다. 용기를 갖고 폭로하길 바란다.

PART 7

상황별 안전 솔루션

01

귀갓길 이제는 안전하게

신림동 사건 영상은 대한민국의 귀갓길이 얼마나 위험한지 고스란히 보여주는 영상이었다. 여성의 귀갓길을 노리는 성범죄자들은 자신에게 유리한 상황을 아주 잘 안다. 그들은 늦은 밤 혼자 귀가하는 여성을 인적이 드문 장소에서 노리며, 여성이 인기척을 느끼지 못하거나, 누군가 뒤에 있다는 걸 알아도 손쓸 수 없을 때를 좋아한다.

여성의 귀갓길을 노리는 성범죄자는 굉장히 집요하고 대범한 특징이 있다. 여성이 인기척을 느끼고 달아날까 봐 주변을 살피며 일정 거리를 두고 치밀하게 쫓으며, 절대 포기하지 않는다. 그리고 여성이 눈치채더라도 상황만 괜찮으면 대범하게 다가와 범행을 저지른다. 신림동 사건만 봐도 여성이 집 안으로 들어갔음에도 문고리를 잡아당기고 비밀번호를 눌러보고, 문을 두드려 말을 걸기까지 한다. 이런 범죄가 당신에게 일어나지 말라는 법이 있는가? 누구도 보장할 수 없다. 언론에 공개되지 않은 범죄가 훨씬 많다는 건, 당신에게도 얼마든지 일어날 수 있다는 뜻이다.

그래도 CCTV가 있는 길로 다니자

대한민국은 CCTV 천국이다. 건물의 출입구, 복도, 길거리, 심지어 현관 앞까지 우리는 이동하는 내내 촬영 당한다. 또한 CCTV가 없는 곳은 국가 예산까지 들여가며 설치하는 실정이다. 이렇게까지 CCTV를 많이 설치하는 이유는 무엇일까?

바로 범죄 예방과 치안 때문이다. 그리고 불법 주정차 단속, 쓰레기 무단 투기 단속, 시설물 관리 등 다목적으로도 활용한다. 즉, 개별적으로 사용하던 CCTV가 공적인 목적으로도 사용된다. 물론 CCTV가 당신을 지켜주는 만능 범죄 예방 시스템은 아니다. 신림동 사건만 보아도, 영상이 증거는 되어도 범죄를 예방하지는 못했다.

그래도 CCTV가 설치된 길로 다니자. 인기척이 느껴지거나,

범행을 확신하는 순간, 당신은 CCTV가 달린 기둥에 붙은 벨을 누를 수도 있다. 벨을 누르면 통합 관제센터로 연결되어 가장 가까운 지구대의 경찰이 출동하며, 실시간으로 관제 요원과 대화할 수 있다.

게다가 추후 범죄자를 검거하는 데 유용한 증거가 될 수 있다. 성범죄자들은 미수에 그쳤을 경우, 욕심을 버리지 못한다. 같은 동네를 떠돌며 계속 범행 대상을 찾는다. 빠른 검거가 안전한 귀갓길을 만든다.

예민해져라

주변을 경계하는 습관만 길러도 범죄를 예방할 수 있다. 밤에 홀로 귀가할 때는 모든 감각을 열어라. 민감하게 주변을 살펴라. 원룸가나 주택가에는 늘 차가 즐비하게 주차되어 있다. 아무도 없는 것 같아도, 성범죄자들은 꼭 그런 곳에 숨어 있다. 또한 수상한 사람을 목격했다면 '설마…' 하는 생각으로 그 앞을 지나지 마라. 신속하게 그 장소를 벗어나거나, 신고하자. 밤에는 순찰차가 다니니, 불러서 이야기만 해줘도 예방 효과가 있다.

그리고 굉장히 염려되는 게 있다. 바로 이어폰이나 스마트폰에 집중하며 걷는 것이다. 주변에 민감하지 않으면, 당신이 범행 대상이 되었을 때 벗어날 수 없다.

귀갓길에 변화를 주자

매일 같은 시간에 귀가하는 여성이라면, 가끔 귀가 시간을 변경하자. 당신의 일거수일투족을 감시하는 성범죄자에게 혼란을 줄 필요가 있다. 오랜 기간 여성의 귀가 시간이나 유형을 파악하고 있다가 범죄를 저지르는 경우가 많다. 내가 관리하던 대상자도 늘 벤치에 앉아 사람들을 살피다가 늘 같은 시간에 지나가는 여성을 범행 대상으로 삼았다.

가장 좋은 방법은 귀갓길에 변화를 주는 것이다. 귀가 시간을 달리하거나, 경로를 바꾸자. 누구도 당신의 귀갓길을 예상할 수 없어야 한다.

호신용품을 사용해도 OK

호신용품의 필요성은 알아도 거추장스럽게 생각하는 사람이 많다. 가스 스프레이, 호루라기, 전기 충격기 등을 구입한 사람은 많지만 막상 들고 다니는 사람은 적은 이유다. 밤길이 무서워 늘 주머니에 넣고 다니다가도, 정작 아무 일도 일어나지 않아 빼두기도 한다. 그러나 사건·사고는 순식간에, 예측할 수 없이 일어난다.

만약 누군가 당신을 노리는 걸 알았다면, 초기에 사용하자. 초기 대응이 범죄를 막는다. 멈칫하다가 신체적으로, 정신적으로 제압당하면 호신용품을 쓰기조차 어려워진다. 요즘에는 휴대폰에 달 수 있는 작은 호루라기도 나온다. 당신은 범죄에서 벗어나기 위해 수단과 방법을 가리지 않아야 한다. 성범죄자도 수단과 방법을 가리지 않기 때문이다.

귀갓길을 점검하라

추리물을 본 적이 있는가? 당신도 귀갓길에서의 모든 상황을 상상하고 추리해보라. 만약 성범죄자가 있다면 어디에 숨어 있을 것인지, 범행이 일어난다면 어떻게 대처하면 좋을지 떠올려보는 것이다. 가장 가까운 지구대, 24시간 운영하는 편의점, 사람이 많은 길로 나 있는 골목, CCTV가 있는 곳 등을 알아두어야 위급 상황이 생겼을 때 도움을 청할 수 있다.

그리고 성범죄자 알림e를 통해 근처에 사는 성범죄자의 신원을 파악해두자. 의외로 늘 좋은 얼굴로 인사하는 동네 사람이 성범죄자일 수 있다. 신상을 알아두는 것만으로도 범죄를 피할 수 있다.

그리고 가장 단순한 행동 요령은 어둡고 음침한 골목은 무조건 피하는 것이다. 귀갓길 여성을 노리는 범죄자들은 어두운 곳에서 정말 끈기 있게 누군가가 오기를 기다린다. 이미 마음을 먹었기 때문이다. 돌아갈 길이 있다면 반드시 돌아서 다니고, 꼭 그 길을 지나야 한다면 방심하지 말자. 조금만 이상한 기척이 느껴지면 신속히 그 자리를 피하라.

여성 안심 서비스를 이용하자

개개인이 경각심을 갖고 행동하는 것도 중요하지만, 국가 안전 시스템이 탄탄해야 살기 좋은 세상일 것이다. 대한민국은 여성 안심 귀가 서비스와 성범죄자 알림e 서비스를 지원한다. 늦은 밤 혼자 귀가해야 한다면 적극적으로 활용해보자.

간혹 시스템이 미비한 지역도 있지만, 강하게 요청하고 요구할수록 시스템이 보완될 것이다. 국가에 요청하자.

02

사칭범을 구별하라

"수고하십니다. 서울중앙지검 ○○○ 수사관입니다. 경기도 광주시에서 당신의 계좌가 불법으로 유출되었습니다." 누군가 전화를 걸어와 이렇게 이야기한다면 바로 "NO"를 외쳐라. 보이스피싱 사기이다. 나도 이런 전화를 받고서는 "다시 확인해서 연락하겠습니다."라고 말한 뒤 끊었다. 그리고 다시는 연락이 오지 않았다. 사칭 성범죄자도 이렇게 다가온다. 그들의 연출은 너무도 자연스러우며 대범하다. 그들은 범행 대상을 정하면 일대일 상황을 만들기 위해 끊임없이 노력하며, 자신을 믿게 하려고 능수능란하게 말을 건다. 그리고 단둘이 있게 되면 성폭행을 시도한다. 그들이 가장 많이 사칭하는 직업은 공무원이다. 그 가운데 경찰

공무원 사칭이 제일 많다. 어린아이에게는 부모의 이름을 말하며 접근하고, 부모에게는 자녀의 이름을 대며 접근한다. 그러나 당황하지 말자. 침착하게, 가장 믿을 수 있는 루트로 신원을 확인하고 행동하면 된다. 의연한 행동이 위기를 모면하는 길이다.

약속되지 않은 방문자를 의심하라

당신의 집을 방문하는 사람은 다양할 것이다. 평소 교류하는 지인, 이웃, 친구, 택배기사, 우편물 배달원, 가스 검침원, 인구 조사원, 사회 복지사, 인터넷 기사 등 말이다. 그러나 이런 방문자들이 사칭범이라면?

우선 방문 약속이 되어 있는 방문자인지를 확인하자. 인터넷 기사나 홈 케어 서비스 기사들은 무조건 방문 약속을 잡게 되어 있으며, 요즘에는 방문 기사의 이름과 얼굴도 미리 고객에게 알려준다. 공무원도 예외는 아니다. 공무여도 미리 연락하고 오는 경우가 많다. 혼자 있을 때 불시에 오는 사람이 있다면 단호히 집 안에 들이지 말자. 사전에 연락하고 방문하라고 이야기하라.

우리 집에도 내가 외출한 사이 계량기 조사원이 방문한 적이 있다. 집에 할머니가 홀로 계시기 때문에 집 주변에 방범용

CCTV를 달아놨는데, 스마트폰으로 보니 조사원이 계량기를 보고는 한참이나 주변을 서성이는 게 보였다. 너무 이상해서 본사에 전화해 다음에는 사전 연락을 하고 방문해 달라고 이야기했다.

길에서 만난 사람을 조심하라

길거리에도 사칭범이 있다. 낯선 사람이 다가오는 것만으로도 경각심이 드는데, 말까지 걸어온다면? 막상 대화해보니 별 의심이 들지 않는다면?

20대 초반에 서울에 올라갔다가, 길에서 누군가가 "인상이 좋네. 인생이 잘 풀리겠어!"라고 말을 거는 사람이 있었다. 자신을 유명 철학관에서 수행하는 사람이라고 소개한 뒤, "저기 가서 차를 사주면 조금 더 진지하게 당신의 인생을 풀어보겠다."라고 했다. 어릴 때라 혹했던 기억이 난다. 약속만 없었다면 같이 가서 차를 마시며 대화를 할 뻔했다. 사칭범은 이렇게 다가온다.

그들은 자신의 신분을 알리며 대담하게 접근한다. 사복 경찰 흉내를 내며 "○○서 ○○○ 형사입니다."라며 당당하게 말을 걸어온다. 그러고는 자연스럽게 사람이 없는 곳으로 유인해 범행한다. 만약, 당신에게 이런 일이 생긴다면 바로 해당 경찰서에 확인해보겠다고 하고 따라가지 마라. 간혹 가족의 이름을 정확히 대며 다가오는 사람도 있다. 아마 내 가족이 범죄에 연루된 건 아닌지 심장이 철렁할 것이다. 그래도 정확히 확인하는 절차를 거치자. 그래도 된다. 그들은 이외에도 당신이 신뢰할 만한 직업을 사칭할 것이다. 하지만 길에서 당신에게 느닷없이 접근하는 사람이 당신에 대해 무엇을, 얼마나 알까? 예민해져도 괜찮다.

SNS를 관리하라

개인 정보 유출이 너무도 많은 세상이다. 요즘에는 마음먹으면 누군가의 나이와 이름, 주민등록번호, 출신지, 사는 지역, 직업, 자주 가는 곳까지 다 알 수 있다. 지능적인 사칭 성범죄자들은 이런 개인 정보가 난무하는 SNS를 샅샅이 뒤진다. 실제로 SNS를 해킹해 타인의 정보로 피드를 보내 성희롱을 일삼거나, 여성의 사진과 사생활을 보고 직접 찾아가 성범죄를 저지르는 일도 있었다. 범행 대상이 되지 않으려면, 온라인에서 개인 정보를 지키는 데 신경 쓰고, SNS에 당신에 대한 너무 많은 정보를 보이지 않는 게 바람직하다. 사람들과의 소통도 중요하지만, 불특정 다수에게서 나를 지키는 것은 기본이다.

03

낯선 사람이 도움을 청한다면

예전에 한 몰래카메라 개그 영상을 본 적이 있다. 내용은 이러하다. 다리에 깁스한 남성이 힘들게 계단을 내려가고 있다. 그러다 안 되겠는지 지나가는 여성에게 "제가 다리가 아파서 그런데 좀 도와주시겠어요?" 하고 묻는다. 그러자 여성은 주저하지 않고 그를 부축해 내려온다. 그때 깁스한 남성의 친구가 다가와 "저기 예쁜 여자가 지나가고 있어."라고 말하고, 남성은 갑자기 두 발로 뛰어나가 사라진다. 얼마나 황당한가?

성범죄자도 다르지 않다. 정말 도와줄 수밖에 없는 상황을 연출하고 진짜인 양 연기한다. 대상을 속이기 위해 긴박한 상황, 위급한 상황, 도움이 필요한 상황 등을 만든다. 당신이었다면, 깁스한 남성을 돕지 않았을까?

긴급한 상황일수록 침착하라

누군가가 흥분한 표정으로 다가와 당신에게 “사람이 넘어졌어요. 도와주세요.”라고 한다. 주변에는 아무도 없고, 다친 사람은 당신의 시야에 있지 않다. 이런 상황이라면 당신은 냉정해져야 한다. 특히 다친 사람이 보이지 않는다면 의심하자. 당신이 혼자 있는 여성이라는 걸 늘 염두에 둬야 한다. 가장 좋은 방법은 바로 그 자리에서 사고를 신고해주는 것이다. 진짜로 사람이 다쳤다고 해도 신고를 해주면 무리가 없다.

그게 아니면 사람들을 모아서 함께 가는 것도 방법이다. 실제로 사람이 다쳤더라도 도움을 줄 수 있고, 성범죄자였다면 퇴치할 수 있다. 중요한 것은 긴박한 상황에서도 의연함을 잃지 않는 것이다.

실제 사고 현장을 본 적이 있는가? 그곳에서 일하는 119 구급대원을 보라. 얼굴에 피가 철철 나는 사람이 있어도 태연한 표정으로 빠르게 응급처치를 하고, 신원을 파악한다. 긴급 상황이라고 해서 당신이 더 놀라 낯선 사람을 따라갈 필요는 없다.

거절하라

낯선 사람이 도움을 요청한다면 거절하라. 도와야 할지 말지 판단이 서지 않는다면 더욱 거절해야 한다. 누구나 도움이 필요한 사람이 있다는 말을 들으면 신경이 쓰인다. 인지상정이다. 그러나 당신이 할 수 있는 최선의 일은 신고해주는 것이다. '사람이 다쳤다는데, 내가 돕지 않으면 그 사람은 어떻게 되겠어?', '너무 죄책감이 들어.' 같은 생각이 든다면, 사람을 모아 함께 가거나, 신고를 하는 게 최선이라는 말이다. 내가 관리하는 대상자도 사람이 넘어졌으니 도와달라며, 피해자의 선한 마음을 이용했다.

04

직장 내 성범죄,
이렇게 대처하자

직장 내 성범죄는 단순하게 생각할 문제가 아니다. 언어적, 신체적 성희롱이나 성폭력을 당한 경우, 피해자들의 고통은 말로 할 수 없다. 직장이란 생계의 터전이자, 자아를 실현하는 장이기도 하다. 이런 곳에서 불쾌감을 넘어 삶의 본질마저 흔들리는 스트레스를 경험한 피해자들은 삶이 피폐해졌다고 말한다.

어떤 사람은 직장 내에서 아무렇지 않게 성희롱을 저지른다. 큰 문제가 아니라고 생각하며, "어제 남자친구 만났어? 좋았겠네.", "치마 좀 입고 다녀.", "살랑살랑 웃으면 사무실 분위기가 얼마나 좋아?" 같은 언어적 성희롱을 무감각하게 저지른다. 신체적 성희롱도 많다. 회식 자리에서의 옆자리 앉기 강요 등이다.

당신이 이런 상황에 놓였다면, 묵인하지 말자. 그리고 동료가 당하고 있다면 방관하지 말고 함께 소리 내주자. 단체로 정식으로 건의하고 알리면 회사 입장에서도 그냥 넘기지 못한다. 또한 가해자는 웃으며 재기하고, 피해자는 울며 회사를 떠나는 현실을 바꿔야 한다. 성범죄에 지위 고하는 없다.

단호하라

직장 생활에서 가장 어려운 것이 단호함이다. 하지만 성범죄는 누구에게도 용서받지 못할 확실한 범죄이므로, 타협은 없다. 언어적 성희롱이든 신체적 성희롱, 성폭력이든 그냥 넘어가서는 안 된다.

초반부터 단호하게 대처하자. 그렇지 않으면 그들은 지속해서 괴롭힌다. 단호한 대응에 헛소문이 나거나, 불이익이 있을까 봐 두려울 수 있다. 그러나 초반에 대응하지 못하면, 더 나은 상황이란 없다는 걸 명심하자. 직장 내 성희롱, 성폭력 발생 시 법적으로도 보호받을 수 있다.

불쾌감을 표현하라

직장 내에서 성적으로 불쾌한 느낌을 받았다면 그 즉시 불쾌감을 표현하자. 사실 성적인 발언을 일삼는 자들은 습관이다. 누군가 말해주지 않으면 잘못인지 모르는 경우도 많다. 아무튼 알고 이야기하든, 모르고 이야기하든 불쾌감을 표시해야 한다.

상사가 당신의 어깨를 만지며 "살이 빠졌네? 요즘 남편하고 좋은가 봐?"라고 했을 때, "부장님 고맙습니다. 요즘 헬스를 다녀서요."라고 웃으며 넘겨버리면 당신은 사회생활을 잘하는 사람처럼 비칠 수는 있지만, 지속적인 성희롱을 당하게 될 것이다. 상사는 이런 농담을 당신이 불쾌해하지 않는다고 생각하거나, 묵인하는 사람이라 여길 것이기 때문이다. "부장님, 그런 발언은 불쾌합니다. 문제가 될 수 있으니 삼가세요."라고 명확히 이야기하는 게 좋다.

있는 그대로 이야기하라

직장 내에서 성적 피해를 보았다면 사실 그대로 알려야 한다. 경고했음에도 개선하지 않는다면 주저 말고 폭로하라. 그래야 계속되는 성범죄를 끊어낼 수 있다. 가해자가 있는 자리에서, 그리고 동료들과 선후배들이 있는 자리에서 가감 없이 말하는 게 좋다. 가해자를 모욕하기 위함이 아니라, 피해자로서 조직 내에서 있는 일을 이야기하는 것이다. 그래야 조직 문화가 개선되고, 일하기 좋은 직장이 된다. 팀을 컨트롤 할 수 있는 상급자에게 면담하는 것도 좋다.

그리고 지속해서 성범죄를 당하고 있다면 기록하자. 날짜, 시간, 장소, 가해자의 행위, 당신의 대처 방안과 기분 등을 꼼꼼히 기록하라. 녹음기를 이용해도 좋다. 일기 형식도 괜찮지만, 휴대폰을 이용해 피해 사실이 있을 때마다 기록하고, SNS와 통화 기록 등이 있다면 저장하자.

법적 절차에 들어갈 경우, 모아둔 객관적 증거가 있으면 처벌이 수월하다. 증거가 없으면 여러 번 진술해야 하며, 입증하는 절차가 까다롭다.

단둘이 있는 자리를 조심하라

회식 후 상사가 당신에게 단둘이 한잔 더 하자고 한다면? 동료가 없는 자리라면 단호히 거절하자. 권력과 지위를 이용한 성범죄자들의 전형적인 수법이다. 이들은 둘이 있게 되면, 자신의 가정사 같은 개인적인 이야기를 공유하려 들고, 긴밀한 관계를 맺으려고 노력할 것이다. 그러고는 같이 있어 달라고 하며 성범죄를 저지른다. 이들은 일대일 상황을 만들어 권력과 지위로 당신에게 접근한다.

물론, 신뢰하는 사이거나, 정말로 당신에게 따로 할 중요한 이야기가 있을 수 있다. 업무적인 내용이거나, 사적인 부탁 등 말이다. 그러나 술을 마셨다면 거절하고, 맨정신일 때 정식으로 면담하는 게 옳다.

05

자취생 안전 솔루션

나도 20대에 자취 생활을 했다. 룸메이트가 취업하면서는 혼자도 살았다. 당시 내 자취방은 반지하 원룸이었는데, 창문을 열면 텃밭이 보이는 구조였다. 누군가와 같이 살 때는 몰랐는데, 혼자 살고 보니 내게 안 좋은 습관이 있다는 걸 알았다. 바로 문을 안 잠그는 습관! 퇴근 후 너무 피곤해서 씻자마자 잠자리에 들었을 때였다. 눈을 감고 있는데, 갑자기 인기척이 느껴졌다. 나도 모르게 눈이 번쩍 뜨였고, 천천히 현관을 보니 누군가 문을 열고 있었다. 그러고는 이내 자동센서 아래로 한 남자가 보였다. 정말 온몸에 털이 곤두설 정도로 놀랐다. "누구야!" 하고 외쳤지만, 그는 말이 없었다. 태권도 공인 4단인 내가 뭘 무서워하랴 싶어 용기 내어 몸을 일으키려 했지만, 움직여지지 않았다. '흉기를 들고 있으면 어떡하지? 공범이 있으면 어떡하지?' 하고 온갖 상상을 했다. 그래서 다시 한번 "누구야!" 하고 소리쳤다. 그러자 그가 당황하며 "아, 미안해요. 잘못 들어왔네."라며 나가 버렸다. 확인하려고 문을 열고 보니 정말로 옆집 아저씨였다.

그날 이후로 나는 창문과 현관문을 꼼꼼히 잠근다. 당신이 혼자 사는 자취생이라면 반드시 문단속에 신경 쓰기를 바란다. 기본 중의 기본이며, 문단속만 잘해도 성범죄의 80%를 예방한다. 실제로 주거 침입 성범죄자는 강제로 문을 따고 들어오기보다 열려 있는 창문이나 현관문으로 들어온다.

첩보원이 되어라

첩보원이 되라니 무슨 뜬금없는 말일까? 혼자 자취한다면, 당신은 스파이 영화의 첩보원처럼 행동할 필요가 있다.

스파이 영화 속 첩보원은 철두철미하게 외부로부터의 침입을 경계한다. 외출 뒤 창문이나 사물의 흐트러짐이 없는지 확인하고, 조금이라도 기척이 느껴지거나, 변화한 곳이 있으면 바로 주변을 수색한다. 또, 그들은 집에 여러 트릭을 설치해둔다. 책상에

놓인 물건을 만지면 카메라가 나와 범인을 촬영한다는 식으로 말이다. 이렇게까지 할 수는 없지만, 변화에 민감하게 반응하고, 의심할 수 있어야 한다.

바쁜 아침, 집을 확인하기는커녕 내 한 몸 챙기기도 바쁘다는 걸 잘 안다. 창문을 열어뒀는지, 물건을 제자리에 뒀는지 전혀 모를 것이다. 귀가 후에도 쉬고 싶은 마음뿐이다. 그러나 집이란 내가 가장 안전하게 있어야 할 공간이다. 늘 점검해야 한다.

발바리 사건의 범인은 정말 치밀하고, 신체 능력이 탁월했다. 그는 외출하는 여성을 지켜보았다가, 여성이 나가면 고층이라 할지라도 배관을 타고 순식간에 올랐다. 그러고는 여성이 돌아올 때까지 방 안에서 기다렸다. 아무리 바빠도 문단속을 하고, 물건의 위치를 잘 기억해두었으면 한다. 그리고 돌아왔을 때 물건의 위치가 달라져 있거나, 전에 나지 않던 냄새가 나거나, 창문이 열려 있는 등 뭔가 수상한 점이 있다면 주저 말고 밖으로 나가 신고하자. 민감한 첩보원이 되어야 한다.

취약한 곳을 보완하라

당신의 자취방에서 가장 취약한 곳은 어디인가? 사실 외부와 연결된 모든 곳이 취약한 곳이다. 다음을 보고, 당신의 집을 점검하자.

첫째, 창문에 방범창이 달려 있는가? 달려 있다면 튼튼한가?

창문은 주거 침입 성범죄자들의 단골 침입로이다. 그러나 자취생들은 대부분 창문에 관심이 없으며, 방범창이 달려 있으면 안심하기까지 한다. 방범창이 있는 집은 마음 놓고 창문을 열어 둔 채 잠을 자고, 외출한다. 그러나 방범창은 안전하지 않다. 앞서 말했듯, 성인 남성이 힘을 주면 휘고, 뜯긴다. 성범죄자들은 방범창의 약점을 너무도 잘 알고 있으며, 설령 잘 뜯기지 않는다고 해도 수단과 방법을 가리지 않고 제거해버릴 것이다.

창문이 이러하다면 최신식 잠금장치로 교체하자. 화장실에 난 작은 창도 점검하라. '이 작은 창으로 누가 들어오겠어?' 싶겠지만, 들어온다.

둘째, 잠금장치는 튼튼한가?

현관문도 단골 침입로이다. 주거 침입 성범죄자들은 일단 현관문의 문고리를 당겨보며, 잠겨 있지 않거나 잠금장치가 부실하지 않은지 살핀다. 우선 당신의 현관문에 달린 잠금장치를 확인하라. 열쇠, 버튼, 지문방식 어떤 것이든 최신식으로 교체하고, 수시로 점검하자. 잦은 점검이 중요하다. 잠금장치는 당신을 배신하기도 한다. 특히 배터리 점검은 필수이며, 열쇠 방식이라면 더 안전한 것으로 바꾸자. 버튼 방식이라면 수시로 번호를 바꾸고, 지문 방식이라면 지문을 닦아야 한다.

셋째, 출입문 주변에 CCTV가 있는가?

당신은 이미 문을 열기 전 주변을 살피고, 복도나 출입문 위에 CCTV를 달아두는 철두철미한 안전 습관을 지녔을 수도 있다.

하지만 기발한 성범죄자는 이 CCTV로 비밀번호를 알아내거나, 옆에 초소형 카메라를 설치해 여성의 출퇴근 시간과 잠금장치의 비밀번호를 알아내기도 한다. 현관문의 비밀번호를 자주 바꾸고, 공용 출입문의 비밀번호도 입주민과 상의해 자주 바꾸자. 간혹 택배나 배달 음식을 쉽게 받기 위해 출입문 위에 비밀번호 써놓은 집도 있는데, 매우 위험하다.

넷째, 고층에 사는가?

고층에 사는 사람은 안심하는 경향이 있다. 그러나 발바리처럼 건물을 쉽게 오르는 성범죄자에게 고층은 문제가 되지 않는다. 당신이 네 번째로 점검할 곳은 창밖이다. 특히 가스 배관과 에어컨 배관이 창문과 너무 가까이 있다면 윤활유나 형광물질을 도포하자. 윤활유가 묻어 있으면 미끄러워 오르지 못하며, 형광물질을 발라두면 추후 범인 검거에 도움이 된다. 또한 경고 표시만 해두어도 범죄율이 줄어든다.

범죄자들이 아래에서 위로 올라올 거라는 생각도 버려야 한다. 옥상을 통해 위에서 아래로 내려오기도 하고, 옆집의 베란다를 거쳐 들어오기도 한다. 다각도로 생각해 대비하자.

다섯째, 성범죄자가 집 안에 들어왔다면?

성범죄자를 어떻게든 집 안에 들어오지 못하게 하는 게 가장 좋지만, 이미 집 안에 들어왔다면? 이들은 보통 집 안에 있는 주방용 칼 등을 이용해 여성을 위협한다. 그리고 목에 칼이 닿아 있는 위급한 상황이 닥치면 대부분 신고도 못 한다.

그러므로 늘 시뮬레이션해서 예방책을 만들어 놓자. 칼 같은 위협이 될 만한 도구는 숨겨두고 쓰고, 비상용 호출기를 설치해 버튼만 누르면 신고가 되게끔 하자. 호신용품을 비치해두는 것도 좋다. '설마 우리 집에서 괴한이랑 칼을 들고 싸울 일이 생기겠어?' 싶겠지만, 그럴 수도 있다. 한 번쯤은 다양한 상황을 상상하고 대비하자.

혼자 사는 자취생을 노려 주거 침입의 방식으로 범행하는 성범죄자는 충동적이기보다는, 여성의 주거지까지 몰래 따라가 비밀번호와 혼자 살고 있는지, 몇 시에 귀가하는지를 치밀하게 알아둔 뒤 범죄를 저지른다. 무턱대고 집 안을 급습했는데 동거인이 있으면 계획에 차질이 생기기 때문이다. 그리고 의외로 평소 아는 지인이나 이웃을 범행 대상으로 삼기도 한다. 혼자 산다는 걸 잘 알기 때문이다.

당신의 보금자리를 지키기 위해서는 안전을 위한 기본적인 습관을 갖고, 예민해져야 한다.

06

NO라고 말할 수 있는 자녀

아동을 대상으로 한 성범죄의 80%가 아는 사람에게서 일어난다. 가족, 이웃, 교사 등 다양하며, 이들은 아이에게 늑대가 아닌 양의 모습으로 다가선다. 다정다감하고 친숙한 모습의 성범죄자들로부터, 내 아이를 지키는 방법은 무엇이 있을까?

첫째, 잘못된 주입 교육이 아이를 위험에 빠뜨린다.

아이는 상황 판단이 미숙하다. 그래서 나쁜 짓을 저지르는 '악인'에 대해 명확하고 설득력 있는 이미지를 심어주는 게 중요하다. 아이에게 나쁜 사람을 그리라고 하면 다들 늑대나 괴물 같은 모습의 사람을 그린다. 그러나 실제로 아이에게 해를 가하는 사람은 그렇게 생기지 않았다. 오히려 호감형이거나, 친절하고 선한 느낌의 인상이 많다.

아이의 눈높이에 맞춰 '나쁜 사람'의 이미지를 제대로 알려주자. 예를 들어, '혼자 있는데 차에 타라고 하는 사람', '길에서 끈질기게 길을 물어보며 같이 가자고 하는 사람', '과자나 사탕, 선물을 주며 따라오라고 하는 사람', '강아지를 만지게 해주겠다며 따라오라고 하는 사람' 등의 구체적인 사례를 들어 알려주는 게 좋다. 그리고 이런 사람을 만났을 때는 즉시 부모님께 알리고 따라가지 말 것을 일러둬야 한다. 거절의 말을 직접 해보도록 하는 것도 도움이 된다.

그리고 평소 알고 지내고, 믿음직한 사람이라도 신체를 접촉한다면 단호하게 싫다고 표현하도록 교육하자. '어른들의 말을 잘 들어야 착한 어린이이다', '싫어도 거절하는 건 예의가 아니다'라는 가르침이 아이를 위험에 빠뜨릴 수 있다.

둘째, 성교육은 가정에서 시작한다.

자녀에게 성교육은 필수이다. 그리고 이제는 학교에서뿐 아니라 가족이 함께하는 성교육이 필요하다. 태어나면서부터 부모가 자녀의 몸을 소중히 대해 주는 것, 성기의 정확한 명칭을 알려주는 것, 남성과 여성의 다른 점, 성적 자기 주체성 갖기 모두 가정에서 이루어진다. 부모에게 성교육을 자연스럽게 받은 아이는 성범죄에 대해 정확히 인식하며, 청소년이 되어서도 함부로 성관계하지 않는다. 그리고 성범죄 예방에 적극적인 모습도 보인다.

셋째, 신고하는 법을 익히자.

아이는 힘이 없다. 그래서 성인이 다가와 위압감을 주면 속수무책이다. 기관에서 112와 119 신고를 알려주기는 하지만 학습이 제대로 되었을 가능성이 낮다. 물어보면 바로 이야기하기는 하지만 실제 눌러보라고 하면 잘 모른다.

가정에서는 정확히 도움을 요청하는 법을 가르치자. 어쩌면 좋은 사람과 나쁜 사람을 구분하는 법을 가르치기보다, 주변에 도움을 요청하고 신고하는 방법을 알려주는 게 더 나을 수 있다. 성적 학대, 폭력 등을 당했다면 휴대폰으로 112를 누르고, 장소와 사실을 그대로 이야기하라고 하고, 부모에게 즉시 알릴 것을 교육하자.

아이가 혼자 있을 때의 안전 솔루션

아동 성범죄자가 아이를 노리는 때는 언제인가? 바로 아이가 혼자 있는 모든 순간이다. 낯선 사람이든, 아는 사람이든 아동을 상대로 한 성범죄자들은 혼자 있는 아이를 노린다. 혼자 두지 않는 게 최선의 방법이지만, 그럼에도 불구하고 아이를 혼자 둬야 한다면 어떻게 해야 할까?

첫째, 아이가 혼자 집에 있어야 한다면?

집에 혼자 있는 아이가 가장 경계해야 할 사람은 '벨을 누르고 찾아오는 방문자'이다. 이웃도 위험하다. 면식범 대부분이 혼자 아이가 있다는 것을 아는 이웃이다.

아이를 혼자 둘 때는 '누구에게도 문을 열어주지 말라.'라고 가르쳐라. 약속 없이 찾아오는 방문자 모두 아이에게 볼일은 없다. 평소 부모도 누군가 벨을 누르면 신원을 꼼꼼히 확인하고 열어야 한다. 문을 불쑥 열어주는 부모를 보고 자란 아이는 혼자 있을 때도 습관적으로 문을 불쑥 열어버린다.

또한, 배달 음식을 혼자 시켜 먹게 하는 집도 많은데 주의가 필요하다. 아이의 간식이나 식사를 챙겨줄 수 없어 배달밖에 방법이 없다면 부모가 전화나 앱으로 직접 시켜주는 게 좋다.

그리고 집 안에 흉기가 될 만한 물건은 치워두고, 창문도 꼭 닫아두자.

둘째, 아이가 혼자 다녀야 한다면?

아이는 방치하는 순간 범행 대상이 될 수 있다. 놀이터나 길거리, 학교에서 혼자 노는 아이, 혼자 등·하원 하는 아이, 벤치에서 혼자 휴대폰을 만지고 있는 아이, 어두운 골목을 혼자 걷는 아이 모두 범행 대상이 될 수 있다. 아이에게 절대 혼자 있는 시간을 주어서는 안 된다. 될 수 있다면 직접 동행하자. 방과 후 학원 가는 길, 놀이터에서 노는 시간, 친구 집에서 놀고 집으로 돌아오는 길 모두 부모가 함께하는 게 좋다.

부모가 함께할 수 없다면, 친구들과 무리 지어 다니게 하거나 등·하원 도우미를 고용하는 것도 방법이다. 요즘에는 학원 선생님이 차로 이동을 돕기도 하는데, 출석 시간이 부모의 휴대폰으로 오는 시스템도 있으니 꼼꼼히 체크하는 게 좋다. 아이 혼자 있는 시간만 줄여도 아동 성범죄의 90%가 줄어든다.

셋째, NO를 외치는 아이로 키워라.

낯선 사람이든 아는 사람이든 내 몸을 만지면 "NO"를 외치게 하라. 사실 성범죄자가 아니더라도, 아이를 예뻐하는 마음은 인지상정이다. 지하철이나 버스만 타도 아이의 볼이나 머리 등을 가볍게 만지는 어른들이 있다. 그러나 이럴 때는 부모가 "NO"를 외쳐주어야 한다. 그래야 아이도 내 몸을 누구도 함부로 만질 수 없다는 걸 인식한다.

그리고 성범죄자들은 아이의 환심 사기에 성공하면 더 큰 호기심을 자극한다. 아이들이 무엇을 좋아하는지 훤히 알고 있는 자들이다. 그러므로 이유 없이 아이에게 뭔가 주려고 하고, 칭찬하며 다가온다면 거절하게 하라. "어른이 주면 받아야지."라고 말하는 사람도 있지만, 그래도 아이는 단호하게 거절할 수 있어야 한다.

넷째, 아이의 동선을 알고 있자.

아이의 일과를 모두 알고 있는가? 영유아기라면 당연히 보호자가 늘 함께하지만, 초등학생만 되어도 아이에게 사생활이 생긴다. 부모와 함께하지 않는 시간은 점점 는다. 그러므로 부모는 아이가 학교나 학원에 잘 갔는지, 오늘 친구들과 놀기로 한 날인지를 정확히 알고 있어야 한다.

반드시 일과를 알리게 하자. 아이의 동선과 현재 위치를 파악하는 게 아동 성범죄자로부터 내 아이를 지킬 수 있는 방법이다. 간혹, 아이들이 간섭이라 여긴다고 연락을 잘 안하는 부모가 있는데, 아이들은 아직 미성년자이다. 부모에게 행선지를 알리는 게 아이의 의무임을 인지시키고, 평소 안정적인 신뢰 관계를 맺도록 하자.

그리고 요즘에는 스마트폰을 쓰기 때문에 부모의 전화번호조차 외우지 못하는 아이가 많다. 부모의 전화번호 정도는 외우게 하자.

07

국가 안전 서비스를 적극적으로 활용하라

여성 안심 귀가 서비스

'신림동 사건'은 드물게 일어나는 일이 아니다. 실제 여성들은 귀갓길에 위험을 느낀 적이 많으며, 성범죄를 당하기도 한다. 이렇게 늦은 밤 귀갓길이 걱정이라면 이용할 수 있는 국가 안전 서비스가 있다. 바로 '여성 안심 귀가 서비스'이다.

서비스를 신청하면 약속된 장소에서 신원이 보증된 두 명의 안심 스카우트가 집까지 안전하게 동행해 준다. 서울시와 각 지자체에서 운영하므로 확인해보자. 안심 스카우트는 서비스를 신청한 여성을 바래다주는 것은 물론, 우범 지역을 순찰하고 도움이 필요한 여성과 미성년자를 보호한다. 신청은 다산콜센터 120

이나 여성 안심 귀가 서비스 앱으로 신청할 수 있다.

아직 서비스가 활성화하지 않은 지역에 거주한다면, 해당 시·군·구 상황실에 문의해 귀가 서비스를 받을 수 있는지 알아보자. '이렇게까지 해야 하나?' 싶은 생각이 들어도, 안전한 귀가를 위해 적극적으로 활용하는 것을 추천한다.

여성·아동 안심 지킴이집

'여성·아동 안심 지킴이집'은 경찰청과 편의점이 공동업무를 체결해 여성이 위험에 처했을 때 긴급 대피, 신고, 안전 귀가 서비스까지 받을 수 있는 곳이다. 주변 편의점에 '여성·아동 안심 지킴이집' 마크가 있는 곳을 알아두자. 알아두면 정말 위급할 때 신속하게 들어가 도움을 요청할 수 있다. 이조차 확인할 수 없이 긴급한 상황에 처했다면 24시간 운영하는 편의점으로 들어가 도움을 요청하는 것도 방법이다. 바로 신고가 되어 안전을 보장받을 수 있다.

그리고 '아동 안전 지킴이집'도 있다. 아이에게 누군가 따라오거나, 위협을 가하거나, 말을 끈질기게 걸거나, 길을 잃어버렸을 때 '아동 안전 지킴이집' 마크가 있는 편의점에 들어가 도움을 요청하도록 하라. 최근에 길을 잃은 아이를 보호해 원스톱으로 경찰서에 신고가 되어 보호자를 찾은 사례도 있다. 평소 부모가 알아두고, 아이에게 알려주자.

여성 안심 택배보관함

택배를 직접 받는 것조차 꺼려지는 세상이다. 이럴 때는 서울시에서 운영하는 '여성 안심 택배보관함' 서비스를 이용하자. 주로 관공서, 주유소, 공원 등에 설치되어 있으며 앞으로 전국적으로 확대할 사업이다. 여성 안심 택배보관함 위치는 인터넷으로 알아보거나, 다산콜센터 120에 문의하면 된다. 만약 서비스를 이용하기 힘들 경우, 주변 편의점으로 택배를 받는 방법도 있다. 최대한 주소지 노출을 피하자.

여성 안심 귀갓길

성범죄자는 어두운 밤길을 좋아한다. 그러나 지자체와 경찰청이 함께 조성한 '여성 안심 귀갓길'은 다르다. LED 조명으로 아주 밝고, CCTV가 구석구석을 촬영하며, 비상벨이 마련되어 있다. 비상벨을 누르면 CCTV가 바로 당신을 비추고, 관제센터 요원과 연결된다. 관리가 안 되어 어둡거나, 비상벨이 잘 보이지 않는다면 주저 말고 지자체에 신고하자. 귀갓길은 밝을수록 좋다.

성범죄자 알림e 서비스

당신이 사는 곳 주변에 거주하는 성범죄자의 신원을 알아두는 것도 매우 중요하다. 국가에서 운영하는 '성범죄자 알림e' 사이트나 앱을 이용하자. 여성가족부, 경찰청, 법무부가 함께하는 사이트로 판결에 따라 신상 정보 공개 명령을 받은 성범죄자의 이름, 나이, 주소, 실거주지, 신체 정보, 사진, 성범죄 요지(판결 일자, 죄명, 선고형량), 성범죄 전 과실 및 전자발찌 부착 여부를 확인할 수 있다. 또한, 신상 정보 공개를 명령받은 자는 거주지 주변에 아동이나 청소년이 있는 세대와 학교에 신상이 우편으로 발송된다.

그런데 만약, 당신이 확인한 성범죄자를 길에서 마주친다면? 사실 그들을 마주친다고 "성범죄자다! 강간범이다!" 하고 소리치거나 모멸감을 주어서는 안 된다. 제2의 범행으로 이어질 수 있으므로 길에서 마주하게 된다면 되도록 빨리 벗어나자. 두렵고

떨리겠지만, 내색하지 않고 사람이 많은 곳이나 편의점으로 피하는 것도 방법이다. 성범죄자가 의도적으로 접근하는 게 확실하다면 외진 곳, 골목으로 들어갈 게 아니라 무조건 사람이 많은 곳으로 이동하자. 중요한 것은 당신이 성범죄자 알림e로 이미 그들의 얼굴을 알고 있다는 사실이다. 빠르게 알아보고 대처할수록 범죄를 막을 수 있다.

여성 긴급 전화 1366

심각한 성폭력 후유증을 겪고 있는 여성이 있다면, 주저 말고 '여성 긴급 전화 1366'을 이용하자. 한국여성인권진흥원에서 운영하는 기관으로 성폭력, 가정 폭력, 데이트 폭력, 성매매, 스토킹, 장애인 성폭력에 관련한 긴급 보호와 지원을 받을 수 있다. 24시간 운영해 국번 없이 1366을 누르면 언제든 상담이 가능하며, 상담 후 전문가 상담, 병원, 쉼터, 법률기관 연계와 같은 사후 관리까지 받을 수 있다. 전화할 수 없는 상황이라면 카카오톡에 '여성폭력 사이버 상담'을 검색하면 채팅으로 상담을 받을 수 있다. 여성 긴급 전화는 외국인 여성들에게도 열려 있다. 전문 통역사가 있으니 참지 말고 최대한 기관에 도움을 요청하자.

해바라기센터

성범죄 신고가 어려운 이유는 2차 범죄까지 이어질 수 있다는 공포심 때문이다. 도저히 상황을 해결하기 어려워 국가의 적극적인 개입이 필요하다면 성폭력 상담센터인 '해바라기센터'를 이용하자. 피해 상담 및 피해 조사, 법률 지원, 치유 프로그램 지원까지 이루어진다. 심층 상담을 받을 수 있으며, 법률 지원이 필요할 시에는 고소 가능 여부, 변호사 연결, 재판, 비용까지의 조언을 받을 수 있다. 또한 전담 의료기관이 있어서 신체적 치료까지 원스톱으로 받을 수 있다.

디지털 성범죄 피해자 지원센터

인터넷에 당신의 영상과 사진이 떠돌아다닌다면 그 충격은 말로 할 수 없다. 거기에 협박까지 당한다면 어떻게 해야 할까? 이런 곤란한 상황이라면 '디지털 성범죄 피해자 지원센터'를 찾아가자. 온라인이나 전화로 접수하고 찾아가면, 피해 촬영물을 삭제할 수 있도록 지원하고, 수사와 법률, 의료 지원까지 받을 수 있다. 디지털 성범죄는 나날이 교묘해지고, 증가하고 있다. 피해자가 얼굴을 들고 다니지 못하기보다, 적극적으로 대처해 가해자를 처벌하는 게 옳다.

한국 성폭력 위기센터

2001년 피해자 긴급 지원을 위해 세워진 단체이다. 상담, 의료 지원, 법률 지원, 치료 프로그램을 운영하며 성폭력 피해자들의 복귀에 최선을 다하고 있다. 또한, 주변에 성추행이나 성폭력을 당하고 있다는 사실을 인지했을 때, 어떻게 해야 할지 모르겠다면 이곳에 문의해도 좋다.

08

결국 답은 하나다

실행하라

범죄 유형, 범죄 수법, 그리고 예방 방법에 대해 익히며 여기까지 왔다. 사실 이 모든 것을 지키기란 어렵게 느껴질 수 있다. 성범죄 예방이 대부분 가해자를 막기보다는 피해자가 되지 않는 방법이다. 여기서 안타까움이 따르는 건 나 역시 마찬가지다. 처벌이 강화되어 범죄자의 인권보다 피해자의 인권이 더욱 보호받길 바란다. 하지만 우리가 바라는 그런 이상적인 사회가 언제 올지 모른다. 지금 이 순간에도 범죄가 일어나고 있기 때문에 그때만을 넋 놓고 기다릴 수 없다.

나는 현장에서 전자발찌 대상자들과 매일 사투를 벌인다. 그들은 관리 대상자들이기 때문에 범죄를 막기 위한 예측이 가능하다. 그러나 예측이 불가능한 성범죄자들이 당신들을 노릴 수 있다. 그들은 우리 관리에 속하지 않는 아직 검거되지 않는 범죄자들이다. 내가 글을 쓰고 있는 지금도 범죄를 저지르고 있을 수 있다. 이 글을 읽는 사람이라면 당장 명심해야 할 게 있다. 지금까지 제시된 범죄예방에 대한 이론을 즉시 실행하라.

본서는 범죄 심리 분석적인 내용을 담고 있지 않다. 성범죄자들을 연구하고 공부하여 범죄를 예방하는 방법을 여러분께 제시하였다. 이것을 단지 이론으로만 남겨놓는다면 아무 소용없다. 여기서 제시하는 범죄 수법을 기억하고 예방 방법은 즉시 실천해야 효과를 얻을 수 있다.

실제 범죄자들은 호락호락하지 않는 성향이다. 그들과 매일 대면하지만 평범한 대화만을 하는 것은 아니다. 때로는 대면하면서 기 싸움은 기본이고 거친 언행을 일삼으며 몸으로 대화하기를 원한다. 심한 경우 공무집행방해죄로 처벌한 적도 있다. 그 뜻은 무엇인가? 세상에 두려움이 없다는 것이다. 우리는 그런 이들에게 대응해야 한다.

그럼 결국 어떻게 해야겠는가? 내가 수많은 범죄를 예방하는 대책을 알고 있더라도 실행하지 않으면 아무 소용없다.

범죄는 사전에 차단하는 것이 가장 중요하다. 범죄 순간을 맞닥뜨리는 한 위기를 모면하기가 쉽지 않다. 예방책을 실행한다면 참담해지는 그 순간을 모면할 수 있다.

범죄자들은 타깃이 방심한 틈을 노리고 편안한 순간을 노린다. 범죄를 위해서라면 그들은 때로는 전략가처럼 행동하며, 범행을 저지를 땐 폭군처럼 포악하다. 범죄가 만약 날씨 같다면, 기상청의 예보를 듣고 폭풍우에 대비하듯 예방할 수 있겠지만 아쉽게도 범죄는 예고가 없다. 그런 범죄를 차단해야 한다. 차단은 곧 실행이다. 당신은 범죄 예방을 위해 지금 당장 이론을 실천으로 옮겨야 한다.

절대 포기란 없다

여러분들이 절대 잊지 말아야 할 것은 "절대 포기란 없다"이다. 많은 성범죄가 일어나고 있지만 미수에 그치는 경우도 많다. 관리 대상자들도 과거에 저지른 미수 범죄가 많다. 미수로 끝난 건 피해자가 완강히 저항하고 지혜를 발휘해 위기를 모면했기 때문이다. 범죄자를 맞닥뜨리는 순간 위기를 모면하기 위해 완강하게 저항하거나 기지를 발휘해 벗어나는 것은 정말 어려운 일이다. 위기 속에서 기회를 찾은 대단한 분들이다. 이분들이야 말로 절대 포기하지 않았다.

실제로 성범죄자들을 만나다 보면 대부분은 변변찮다는 생각이 든다. 성범죄를 저지르는 그들도 결국은 사람이기 때문이다. 허점 없이 완벽할 순 없다. 그러니 대항할 시도를 해보지 못한 채 기죽을 필요가 없다는 뜻이다. 당신은 잊지 말아야 한다. 어떤 상황이 닥치더라도 절대 포기해선 안 된다.

어떤 여성은 노상에서 달려드는 성범죄자에게 완강하게 저항하며 주위에 도움을 청했고 범죄자는 도주하였다. 또 다른 여성은 주거 침입한 범죄자가 흉기로 위협하는 상황에도 지혜를 발휘하여 도주했고 결국 미수에 그쳤다.

미수에 그친 범죄자는 신속한 신고로 재빠르게 검거되었다.

당신은 어떤 위기 상황에서도 절대 포기하지 말라. 포기하지 않으면 위기를 모면할 수 있다. 나는 현장에서 그들의 재범을 막고 여러분들의 안전한 밤을 위해 최선을 다하겠다. 그러니 여러분도 절대 포기하지 말라!

2014년 10월, 모의 합동 훈련

강력 범죄자로부터 국민의 생명과 안전을 위해 보호관찰소와 경찰서가 손잡았다. 이날은 실제 일어날 수 있는 사건의 시나리오를 기반으로 모의 합동 훈련을 했다. 도주하는 범인을 소탕하기 위한 출동 대기 중으로 마치 영화 촬영장 같은 분위기가 연출되었다. 국민의 생명과 안전을 지키기 위해 우리는 24시간 그들에게 눈을 떼지 않고 있다.

2015년 11월, 무도실무관들

모든 강력 범죄자가 험상궂고 난폭하리라는 생각은 착각이다. 그들도 사람이기에 따뜻한 말과 위로가 필요하다. 오히려 보호관찰관에게 "고생하십니다. 감사합니다."라고 인사의 말을 전하기도 한다. 하지만 대화로 통하지 않는 사람이 꼭 있다. 그럴 때 빛나는 존재가 있다. 바로 무도실무관이다. 무도실무관에게 강력 범죄자와의 마찰은 숙명이다. 범죄 소탕의 최일선에 있기 때문이

다. 그리고 이들은 어려운 처우에도 국민의 안전을 위해 누구보다 앞장서서 문제를 해결하는 해결사라 할 수 있다. 누가 알아주지 않더라도, 그들은 범죄 예방을 위해 24시간 사투중이다. 전국의 모든 무도실무관이여, 포기하지 말라. 힘내시길 바란다. 아자!

어느 여름 날, 청주보호관찰소

이곳은 '법과 질서 확립'을 선도하는 기관, 보호관찰소이다. 우리는 24시간 강력 범죄자를 관리하기 위해 늘 교대근무를 선다. 주말도 없이 10년째이다. 이제는 이곳이 익숙해 집처럼 따뜻

하게 느껴지기도 한다. 직장을 집처럼 느낀다니, 믿을 수 없겠지만 사실이다. 간혹 보호관찰소를 지나는 시민이 물어볼 때가 있다. "이 안에 범죄자가 몇 명이나 있어요?", "여기서 범죄자들이 탈옥하면 어떻게 하나요?"라고 말이다. 이처럼 보호관찰소에 대한 국민의 시선은 따갑기만 하다. 그러나 보호관찰소는 수용 시설이 아니라서 범죄자는 없다. 보호관찰소를 국민의 안전을 위해 범죄와의 사투를 벌이는 곳이라 생각해주셨으면 한다.